防范化解重大风险丛书

防范化解
经济领域重大风险

李 明◎著

国家行政管理出版社
NATIONAL ADMINISTRATION PRESS
·北 京·

图书在版编目（CIP）数据

防范化解经济领域重大风险 / 李明著 . --北京：
国家行政管理出版社，2020.11
（防范化解重大风险丛书）
ISBN 978-7-5150-2506-3

Ⅰ.①防…　Ⅱ.①李…　Ⅲ.①中国经济－风险管理－
研究　Ⅳ.①F123

中国版本图书馆 CIP 数据核字（2020）第 220034 号

书　　名	防范化解经济领域重大风险 FANGFAN HUAJIE JINGJI LINGYU ZHONGDA FENGXIAN
作　　者	李　明　著
责任编辑	王　莹　谢　伦
出版发行	国家行政管理出版社 （北京市海淀区长春桥 6 号　100089）
综 合 办	（010）68928903
发 行 部	（010）68922366　68928870
经　　销	新华书店
印　　刷	北京中科印刷有限公司
版　　次	2020 年 11 月北京第 1 版
印　　次	2020 年 11 月北京第 1 次印刷
开　　本	170 毫米×240 毫米　16 开
印　　张	12.25
字　　数	156 千字
定　　价	42.00 元

本书如有印装问题，可联系调换，联系电话：（010）68929022

《防范化解重大风险丛书》
编委会

面向未来，我们要把满足国内需求作为发展的出发点和落脚点，加快构建完整的内需体系，大力推进科技创新及其他各方面创新，加快推进数字经济、智能制造、生命健康、新材料等战略性新兴产业，形成更多新的增长点、增长极，着力打通生产、分配、流通、消费各个环节，逐步形成以国内大循环为主体、国内国际双循环相互促进的新发展格局，培育新形势下我国参与国际合作和竞争新优势。

——习近平

坚持底线思维，
着力防范化解重大风险*

习近平

2019年1月21日

坚持以新时代中国特色社会主义思想为指导，全面贯彻落实党的十九大和十九届二中、三中全会精神，深刻认识和准确把握外部环境的深刻变化和我国改革发展稳定面临的新情况新问题新挑战，坚持底线思维，增强忧患意识，提高防控能力，着力防范化解重大风险，保持经济持续健康发展和社会大局稳定，为决胜全面建成小康社会、夺取新时代中国特色社会主义伟大胜利、实现中华民族伟大复兴的中国梦提供坚强保障。

当前，我国形势总体上是好的，党中央领导坚强有力，全党“四个意识”、“四个自信”、“两个维护”显著增强，意识形态领域态势积极健康向上，经济保持着稳中求进的态势，全国各族人民同心同德、斗志昂扬，社会大局保持稳定。

面对波谲云诡的国际形势、复杂敏感的周边环境、艰巨繁重的改革发展稳定任务，我们必须始终保持高度警惕，既要高度警惕“黑天鹅”事件，也要防范“灰犀牛”事件；既要有防范风险的先手，也要有应对和化解风险挑战的高招；既要打好

* 这是习近平在省部级主要领导干部坚持底线思维着力防范化解重大风险专题研讨班开班式上的讲话要点。《习近平谈治国理政》第3卷，外文出版社2020年版，第219页。

防范和抵御风险的有准备之战，也要打好化险为夷、转危为机的战略主动战。

各级党委和政府要坚决贯彻总体国家安全观，落实党中央关于维护政治安全的各项要求，确保我国政治安全。要持续巩固壮大主流舆论强势，加大舆论引导力度，加快建立网络综合治理体系，推进依法治网。要高度重视对青年一代的思想政治工作，完善思想政治工作体系，不断创新思想政治工作内容和形式，教育引导广大青年形成正确的世界观、人生观、价值观，增强中国特色社会主义道路、理论、制度、文化自信，确保青年一代成为社会主义建设者和接班人。

当前我国经济形势总体是好的，但经济发展面临的国际环境和国内条件都在发生深刻而复杂的变化，推进供给侧结构性改革过程中不可避免会遇到一些困难和挑战，经济运行稳中有变、变中有忧，我们既要保持战略定力，推动我国经济发展沿着正确方向前进；又要增强忧患意识，未雨绸缪，精准研判、妥善应对经济领域可能出现的重大风险。各地区各部门要平衡好稳增长和防风险的关系，把握好节奏和力度。要稳妥实施房地产市场平稳健康发展长效机制方案。要加强市场心理分析，做好政策出台对金融市场影响的评估，善于引导预期。要加强市场监测，加强监管协调，及时消除隐患。要切实解决中小微企业融资难融资贵问题，加大援企稳岗力度，落实好就业优先政策。要加大力度妥善处理“僵尸企业”处置中启动难、实施难、人员安置难等问题，加快推动市场出清，释放大量沉淀资源。各地区各部门要采取有效措施，做好稳就业、稳金融、稳外贸、稳外资、稳投资、稳预期工作，保持经济运行在合理区间。

科技领域安全是国家安全的重要组成部分。要加强体系建设和能力建设，完善国家创新体系，解决资源配置重复、科研力量分散、创新主体功能定位不清晰等突出问题，提高创新体系整体效能。要加快补短板，建立自主创新的制度机制优势。要加强重大创新领域战略研判和前瞻部署，抓紧布局国家实验室，重组国家重点实验室体系，建设重大创新基地和创新平台，完善产学研协同创新机制。要强化事关国家安全和经济社会发展全局的重大科技任务的统筹组织，强化国家战略科技力量建设。要加快科技安全预警监测体系建设，围绕人工智能、基因编辑、医疗诊断、自动驾驶、无人机、服务机器人等领域，加快推进相关立法工作。

维护社会大局稳定，要切实落实保安全、护稳定各项措施，下大气力解决好人民群众切身利益问题，全面做好就业、教育、社会保障、医药卫生、食品安全、安全生产、社会治安、住房市场调控等各方面工作，不断增加人民群众获得感、幸福感、安全感。要坚持保障合法权益和打击违法犯罪两手都要硬、都要快。对涉众型经济案件受损群体，要坚持把防范打击犯罪同化解风险、维护稳定统筹起来，做好控赃控人、资产返还、教育疏导等工作。要继续推进扫黑除恶专项斗争，紧盯涉黑涉恶重大案件、黑恶势力经济基础、背后“关系网”、“保护伞”不放，在打防并举、标本兼治上下功夫。要创新完善立体化、信息化社会治安防控体系，保持对刑事犯罪的高压震慑态势，增强人民群众安全感。要推进社会治理现代化，坚持和发展“枫桥经验”，健全平安建设社会协同机制，从源头上提升维护社会稳定能力和水平。

当前，世界大变局加速深刻演变，全球动荡源和风险点增多，我国外部环境复杂严峻。我们要统筹国内国际两个大局、发展安全两件大事，既聚焦重点、又统揽全局，有效防范各类风险连锁联动。要加强海外利益保护，确保海外重大项目和人员机构安全。要完善共建“一带一路”安全保障体系，坚决维护主权、安全、发展利益，为我国改革发展稳定营造良好外部环境。

党的十八大以来，我们以自我革命精神推进全面从严治党，清除了党内存在的严重隐患，成效是显著的，但这并不意味着我们就可以高枕无忧了。党面临的长期执政考验、改革开放考验、市场经济考验、外部环境考验具有长期性和复杂性，党面临的精神懈怠危险、能力不足危险、脱离群众危险、消极腐败危险具有尖锐性和严峻性，这是根据实际情况作出的大判断。全党要增强“四个意识”、坚定“四个自信”、做到“两个维护”，自觉在思想上政治上行动上同党中央保持高度一致，自觉维护党的团结统一，严守党的政治纪律和政治规矩，始终保持同人民的血肉联系。中华民族正处在伟大复兴的关键时期，我们的改革发展正处在克难攻坚、闯关夺隘的重要阶段，迫切需要锐意进取、奋发有为、关键时顶得住的干部。党的十八大以来，我们取得了反腐败斗争压倒性胜利，但反腐败斗争还没有取得彻底胜利。反腐败斗争形势依然严峻复杂，零容忍的决心丝毫不能动摇，打击腐败的力度丝毫不能削减，必须以永远在路上的坚韧和执着，坚决打好反腐败斗争攻坚战、持久战。

防范化解重大风险，是各级党委、政府和领导干部的政治职责，大家要坚持守土有责、守土尽责，把防范化解重大风险工作做实做细做好。要强化风险意识，常观大势、常思大局，科学预见形势发展走势和隐藏其中的风险挑战，做到未雨绸缪。

要提高风险化解能力，透过复杂现象把握本质，抓住要害、找准原因，果断决策，善于引导群众、组织群众，善于整合各方力量、科学排兵布阵，有效予以处理。领导干部要加强理论修养，深入学习马克思主义基本理论，学懂弄通做实新时代中国特色社会主义思想，掌握贯穿其中的辩证唯物主义的世界观和方法论，提高战略思维、历史思维、辩证思维、创新思维、法治思维、底线思维能力，善于从纷繁复杂的矛盾中把握规律，不断积累经验、增长才干。要完善风险防控机制，建立健全风险研判机制、决策风险评估机制、风险防控协同机制、风险防控责任机制，主动加强协调配合，坚持一级抓一级、层层抓落实。

防范化解重大风险，需要有充沛顽强的斗争精神。领导干部要敢于担当、敢于斗争，保持斗争精神、增强斗争本领，年轻干部要到重大斗争中去真刀真枪干。各级领导班子和领导干部要加强斗争历练，增强斗争本领，永葆斗争精神，以“踏平坎坷成大道，斗罢艰险又出发”的顽强意志，应对好每一场重大风险挑战，切实把改革发展稳定各项工作做实做好。

前言

Preface

2019年1月21日，习近平总书记在省部级主要领导干部坚持底线思维着力防范化解重大风险专题研讨班开班式上发表重要讲话，针对我国当前重大经济风险形势给出了总体判断，指出了重点防范领域和防范化解方法。讲话论述的政治、意识形态、经济、科技、社会、外部环境、党的建设等领域的重大风险，都包含了丰富的经济风险防范和化解内容。例如：在科技安全中事关经济发展的技术创新，在社会安全中与经济风险密切相关的就业、住房市场等。从重大经济风险角度，全面理解重大风险治理的各个侧面，既是唯物主义的认识方法，也是经济基础决定性作用的表现，同时有利于我们深入认识各类重大风险背后的经济因素，有利于做好防范化解工作。

经济领域重大风险已经成为我国当前防范和化解重大风险的中心话题。现代经济活动日益资本化，因此经济风险多以金融风险形式出现，很多情况下人们也常常以金融风险代替经济风险研究。金融加上网络社会，在很大程度上推动了当代经济脱实向虚，风险社会的特征也日益放大化。经济风险有其自身的内在规律，对金融风险、网络社会的研究也不能代替对经济风险的研究，但是我们需要充分认识这两重趋势下经济风险的新趋势。

本书是在《我国重大经济风险治理思路及防控机制研究》一文基础上所作的深入探讨，重点分析我国经济领域重大风险形势、当前重大经济风险的主要领域以及目前重大经济风险点。着眼于在当前风险社会中，认识重大经济风险的特征、重大风险的几个判断视角，为认识重大经济风险提供必要工具。从经济体系的内生外生冲击视角，反思了改革开放以来的几次经济过热和紧缩等内生因素的经济危机对改革开放过程的影响，回顾了SARS疫情、新冠肺炎疫情等外生因素冲击对整体经济表现造成的风险危机。通过分析1997年、2008年金融危机造成的经济风险，全面了解重大经济风险事件，分析财政领域的重大风险，深入认识由非实体经济领域引发，并对各个领域造成影响的重大经济风险。重大风险治理，不能只拘泥于微观层面的研究，要着眼于重大经济风险治理理念和原则，探讨治理方法和防控机制建设等内容。

目录

第一章　当前我国重大经济风险形势

近年来，国民经济增长速度呈现减缓趋势，构成经济增长的因素中存在诸多不合理因素，对我国经济发展构成重大风险挑战。2019 年 1 月，习近平总书记在中央党校（国家行政学院）举办的省部级主要领导干部坚持底线思维着力防范化解重大风险专题研讨班开班式（以下简称开班式）上发表重要讲话。他指出，在推进供给侧结构性改革过程中不可避免会遇到一些困难和挑战，经济运行稳中有变、变中有忧。讲话重点强调了经济领域重大风险，这是马克思主义哲学中经济基础决定性作用的体现，凸显了重大经济风险防控的重要性和必要性。

一、当前防控重大经济风险总体状况

当前，我国经济发展正处于“三期叠加”的特殊历史时期，供给侧结构性改革、“三大攻坚战”等处于关键时期。外部环境的中美贸易摩擦加剧，有些国家通过贸易和非贸易壁垒实施贸易保护主义，有些地区的反全球化浪潮汹涌等，都向我们提出了巨大的挑战。必须充分认识我们所处的环境，只有加深对经济环境的认识，才能作出正确的抉择。

（一）经济增长是风险防控的基础

经济增长是解决各类矛盾冲突的基础性手段，只有实现一定程度的经济增长，才能满足同步增长的人员就业、职工收入、公共设施、环境改善、文化娱乐、公共卫生、公共安全等方面的需求。经济增长与财政、税收收入增长正相关，只有通过经济增长才能带来财政、税收收入增长，也才能满足不断增长的刚性支出的基本要求。从反面看，只有实现一定速度的经济增长，才能避免因失业人员增加、收入不变甚至减少、收入低于支出所引发的一系列社会矛盾和问题。就我国当前经济和社会的发展而言，通过保持一定速度的经济增长，也能为我国进行经济结构调整留下充足空间，避免引发重大经济风险。

总的来看，改革开放以来的40多年间，我国经济增长速度和总量保持了较高势头，为各方面事业发展奠定了基础，但也隐藏着一些发展隐忧。习近平总书记指出："从经济风险积累和化解看，过去，经济高速发展掩盖了一些矛盾和风险。现在，伴随着经济增速下调，各类隐性风险逐步显性化，地方政府性债务、影子银行、房地产等领域风险正在显露，就业也存在结构性风险。"① 2019年，我国国内生产总值（以下简称GDP）达99.09万亿元人民币（按当时汇率计算约合13.97万亿美元），已连续9年居世界各国经济总量的第二位。按可比价格计算，2019年比2018年增长了6.6%，在世界前五大经济体中居首位，这在世界经济发展史上也是非常罕见的。但在2010—2019年的10年，全国GDP年增长速度分别是10.4%、9.3%、7.7%、7.7%、7.4%、6.9%、6.7%。6.9%、6.6%、6.3%，经济增长率呈现了一定的下滑趋势。与这种下滑趋势同步的是财政收入、财政支出的下滑，但是在财政收入、支出的下滑中，收入的下滑速度高于支出的下滑速度，见图1-1。

2019年，各省财政收入增长速度都出现不同程度的下滑，6个省份甚至出现了前所未有的收入负增长。2020年，各地受新冠肺炎疫情

① 中共中央党史和文献研究院编：《习近平关于总体国家安全观论述摘编》，中央文献出版社2018年版，第76—77页。

的冲击，全国一季度的一般预算收入下降 14.3%，一般公共预算支出下降 5.7%，占据收入最大份额的国内增值税收入下降 23.6%，全国财政收支陷入了前所未有的困境。

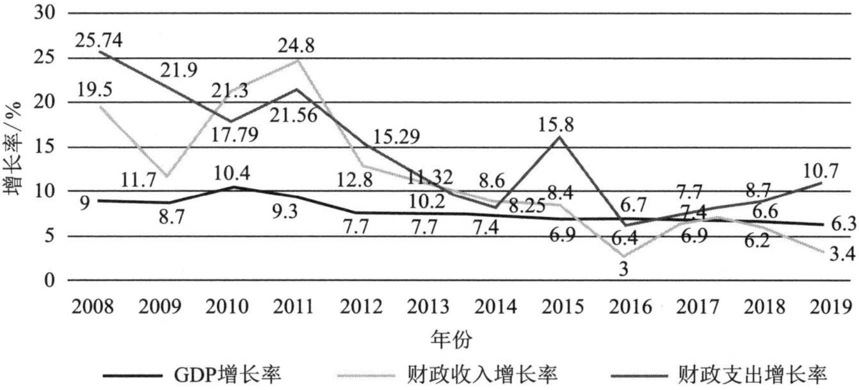

图 1-1　2008—2019 年中国三大经济指标及其变化趋势

数据来源：国家统计局数据库。

（二）供给侧结构性改革是防控风险的手段

我国前期的经济高速增长在很大程度上依靠资源要素投入，尤其对一些不可再生性资源的投入具有高度依赖性。经济增长中的技术进步、管理改进和人力资源质量提升等因素虽然逐年提升，但总的来看所占比重较小。资源投入尤其是不可再生资源投入占比过大，容易导致经济发展可持续性差、抗风险能力弱。随着我国人口红利的逐步衰减，发展中国家常常遇到“中等收入陷阱”潜在风险的逐渐积累，国际经济格局也面临着百年未有的大调整等经济体系的内生、外生因素，我国经济发展也开始进入“新常态”。从 2015 年开始，中央提出通过积极推进供给侧结构性改革，逐步转换经济增长方式，不仅为经济持续稳定增长奠定了坚实基础，也避免了经济大起大落可能带来的重大经济风险。在这一转换过程中，必然会从供给侧减少一些资源投入，对薄弱环节、新领域增加一些资源投入，以推动这种转换进程。这就容易带来经济增长速度下降。同时，我国经济经历了多年高速增长后，经济总量日益庞大，各类投入要素利用率比较充分，边际生产效率已经达到极致，经济的边际增长率下调也就有其必然性。2018 年中央经济工作会议指出，我国经济运行稳中有变、变中有忧，外部环境复杂严峻，经济面临下行压力，这是根据目前经济风险形势给出的准确判断。①

这些下行压力容易形成负外部性，并向其他领域外溢，这也是重大经济风险防范的重点。区域、行业、人口发展不平衡，房地产占 GDP 的比重不断上升，财政收入对房地产类相关税费的依赖严重。有些行业质量和效益不高，生态环境问题、民生短板、社会利益格局固化等都构成重大风险源。延续以往的总量增长解决问题的思路难以为继，必须依靠优化经济结构，调整利益分配格局。② 改变经济结构性问题带来的风险日益积聚，并向重大风险转化的状态，是供给侧结构性改革的动因。2018 年中央经济工作会议的基本对策是：打好防范化解重大风险攻坚战，要坚持结构性去杠杆的基本思路，防范金融市场异常波动和共振，稳妥处理地方政府债务风险，做到坚定、可控、有序、适度。2019 年中央经济工作会议仍然突出一个“稳”字，提出宏观政策要稳、微观政策要活、社会政策要托底的基本政策框架。从连续两年经济工作会议的总基调可以看到，防控重大风险是经济工作中的重要方面，贯穿了我国经济政策框架的各个方面。

（三）“三期叠加”是防控风险的环境

在 2013 年上半年中央政治局讨论经济形势的会议上，正式提出了我国经济正处于“三期叠加”阶段的重要形势判断。在 2014 年第二季度中央政治局会议上，又对经济增长速度换挡期、结构调整阵痛期、

① 参见张占斌：《坚决打好防范化解经济重大风险攻坚战》，《经济日报》2019 年 5 月 17 日。

② 参见魏加宁、朱太辉：《我国“十三五”时期国民经济风险预评估与防控对策》，《中国发展观察》2016 年第 2 期。

前期刺激政策消化期等“三期叠加”的重要论断进行了全面系统、准确详细地分析。“三期叠加”既是我国重大经济风险防控的基础性判断，也是对我国重大经济风险乃至各领域风险环境的重要认识，还是我们进行重大风险防控工作的基本认识基础。

1. 增长速度换挡期

改革开放 40 多年来，我国经济增长一直维持在高位运行状态，2008 年之前基本保持在两位数，财政收入增长率更高，为我国顺利实现翻两番和小康目标奠定了坚实基础。2008 年前后，随着美国次贷危机在全世界蔓延，全球经历了重大经济风险的危机挑战。随着改革开放深入发展，我国经济一方面得益于全球化，与世界各国的经济联系日益密切，但另一方面在经济危机面前也难以独善其身。

长期的经济高增长带来的矛盾积累，到了这个历史时期开始集中显现，多种原因造成经济增长下行的巨大压力。我国适时推出了投资推动政策，虽然在一定程度上有效降低了危机的影响，但刺激政策作用有限，加上主动推进的各项势在必行的改革措施，使经济下行压力依然存在，增长速度开始回落。在经济刺激政策的作用下，后续的 2011 年经济增长率曾短暂达到 10.4%，在之后年份中继续一路走低，直到 2019 年增长率为 6.3%。2020 年受新冠肺炎疫情的影响，一季度 GDP 的同比增长速度甚至降了 6.8%。

2. 结构调整阵痛期

多年来，由于在很大程度上靠要素投入支撑经济增长，不仅可持续性差，也带来了生态环境的破坏。2011 年以来，我国多地持续出现雾霾、垃圾围城、黑臭水体、土壤重金属超标等环境问题，这样的发展模式虽然在一定程度上提高了经济增长速度，但是使人们的生活环境质量严重下降。环境问题凸显了经济发展与资源环境之间的尖锐矛盾，转变经济增长方式、调整经济结构已经迫在眉睫。

进行结构调整就要转变原来发展模式的路径依赖，首先就要改变人们已经习惯的短视型消费习惯、不考虑环境成本的生产方式、以牺牲本国环境为代价的低价格创汇模式等。这些都是长期形成的经济发展路径依赖体系，对其作出改变往往增加了人们生产、生活等各方面的显性成本。例如，为了减少生活垃圾带来的环境压力，各地推行的垃圾分类改革，增加了人们的生活成本。各地规划建设垃圾焚烧发电厂，所形成的“邻避效应”导致环境类群体性事件多发，都是对这种状况的反映。这些改变很容易导致人们在心理上、行动上产生抵触情绪，所以将这种经济结构调整定性为“阵痛”，是非常准确的描述。但为了中华民族的永续发展，这种结构调整势在必行。同时这种结构调整“阵痛”中的“阵”，也表明调整的阶段性和暂时性。

3. 刺激政策消化期

2008 年国际金融危机后，我国政府通过制定并推出了一揽子刺激经济的政策和措施，以防止危机可能带来的全面性经济下滑。从 2008 年 11 月开始，首先推出了 4 万亿元的经济刺激计划，由地方投融资平台力推的基础设施建设作为推动力，带动了全国经济增长率迅速从 6%提升到 11.9%。我国经济在世界上率先走出了危机，实现了国民经济的快速增长，避免了危机带来的冲击加深。我国经济也发挥了全球经济“压舱石”和“火车头”作用，稳定了世界经济，显示了一个负责任大国应有的责任和担当。

但是，从 2011 年第二季度开始，前期的经济刺激政策带来的一些负面效应逐渐显现，非常时期的非常政策带来的红利也逐级回落，开始逐步进入了前期刺激政策的消化期。这种效应主要体现在通胀压力、房价上涨、地方债务等一系列总量性和结构性问题上。在宏观经济政策领域，需要通过适当的政策微调，消化、释放已有的通货膨胀压力，防止“滞涨”局面的出现。政府先后出台了多轮房地产限制性措施和投资调控政策，抑制一线城市甚至全国性的房地产价格过快上涨；采取一系列严格的管理措施，整治地方融资平台遗留的债务问题；等等。

（四）内生高质量发展是防范风险的根本

在我国经济增速放缓的背景下，必须探讨具有可持续性的增长方式。以往那种把依靠外部要素投入，依靠各种需求甚至外部需求增加，依靠企业规模扩张等外延式增长方式作为企业利润增长基本驱动力的模式，在新形势下遭遇严峻挑战。新时代我国经济发展的基本特征，就是要解决好高速度增长向高质量发展的阶段性转换问题，以提高发展质量和效益为中心，更好地满足人民日益增长的对美好生活的需要，这也是新发展理念的集中体现。经济发展的高质量必须实现内生性增长模式的转换，使我国经济获得可持续性发展，更要产生与经济增长相伴而生的全面福利效应。这种效应表现在解决区域、行业等多方面发展的不协调、不平衡、不充分的问题上。尤其在自然环境方面，要解决经济发展过程对环境的破坏性影响，最终实现绿色、协调、可持续发展。

从国际经济竞争发展横向比较角度看，一个国家是否具有核心竞争优势，一个经济体系是否具有经济韧性，不完全靠经济体量的提高，更要靠自然资源投入之外的软实力的增强。这种软实力主要看其在多大程度上依靠科学技术水平、产品质量品牌和标准规范引领等方面的力量，实现对全球资源的优化配置。这也是衡量一个国家是否具有全球产业分工优势和竞争力的基本指标，只有在这个基础上的增长才真正属于高质量增长。这种高质量增长必须通过以知识创新、技术进步和人力资本提升为核心的一些内生变量的改变，从而导致规模收益递增来实现。这种内生性增长方式，要通过科学技术进步实现内生化；要通过加大对人力资本的持续投入，增加人力资本的价值含量；要通过促进劳动力生产要素的合理流动，实现在全社会范围内的优化配置；要通过提高全要素生产率，实现劳动力、资本等各类要素的生产效率提高。只有依靠全要素生产率提高，实现内生性增长，才能实现我国经济高质量发展，降低经济体系的脆弱性，提高经济韧性，也才能防控重大经济风险。

（五）防止外生冲击是风险防控的重要方面

经济体系的外生性因素能够对经济系统施加影响，甚至有时对系统的脆弱性具有巨大冲击，但经济体系对这些外生性因素本身的影响却有限。例如，经济体系外的社会稳定事件、自然环境变化、自然灾害、事故灾难、传染病疫情、战争等都属于经济系统的外生性因素。这些外生性因素对经济系统的冲击，都能够形成风险与挑战。如2020年上半年世界范围内的新冠肺炎疫情，对于各国经济体系而言就是外部因素，疫情的产生、发展和消亡不受经济体系的影响，但是给全世界经济体系带来的风险和挑战，却是以往任何经济危机都不能比拟的。

人们一般将政府应对重大经济风险的经济政策，归属于外生性因素。例如，货币供应量反映的内在供求关系，应该是由经济主体在经济活动中决定的内生性变量，但是货币当局制定的货币政策属于外生性变量。外生决定论者认为，货币供应不是决定于内生性变量，因为货币的供给决定于货币政策当局的政策范围和工具范畴，而不是决定于经济运行的经济变量的变化。又如，2003年SARS疫情和2020年新冠肺炎疫情，都属于经济系统的外生性因素。作为外生性因素的疫情，虽不受经济系统的影响，却能够对经济系统的脆弱性形成冲击，如果超出了韧性承受范围，甚至会带来系统的崩溃。2020年初发生的新冠肺炎疫情，就使美国股票市场在一个月内发生4次熔断，疫情带来的停工、停产、停业、停学及居家隔离政策，使世界经济暂时停顿，对世界各国的经济也造成沉重打击。这种经济系统的外生性因素对经济系统脆弱性的冲击以及经济系统韧性的缺失所造成的严重后果应该引起注意。对政策制定者而言，作为政府公共产品和公共服务主要依据的公共政策属于外部因素，其制定的本意都是促进经济和社会健康发展。但是，确实有些不适当的公共政策作用于经济系统的脆弱性，这恰恰是造成经济衰退、增长乏力，甚至形成重大经济风险的根源。

二、当前重大经济风险领域

重大经济风险分析既要特别关注生产要素短缺、过剩并存和结构性失衡的状况，更要关注对居民、政府和企业间的资产负债关系等重大经济变量及其失衡的分析。在重大经济风险的分析中，宏观经济变量的要素是从总需求角度，主要是投资、消费、出口等号称“三驾马车”的要素；从总供给的角度，则需要更多关注资源、劳动力、资本、制度建构、技术创新等诸多要素。[①] 从经济和社会活动各个组成部门之间关系的角度，观察判断重大经济风险则主要应该分析居民、企业、金融、政府等核心部门，以及国际、社会等外围部门之间关系及其均衡的变迁。这些都是重大经济风险分析的重点和基本着眼点。

（一）投资与消费领域重大风险

宏观经济需求侧的投资、消费和出口，三者虽然并无固定的数据描述其数量比例关系，但保持几个变量间的发展协调、抗压韧性是经济健康发展和防范重大经济风险的关键。后发国家多采用赶超型经济发展模式，多将某些特定行业的大规模直接投资作为推动经济快速发展的政策工具，辅之以保护性的产业政策、贸易政策和优惠税率，所以很容易造成特定行业性的产能过剩。目前，我国的基础设施和传统产业的产能过剩、粮食问题、房地产市场价格问题，都在很大程度上与前期的刺激性政策及各地的跟进措施所逐渐形成的风险积累有关。[②]

---

① 参见王东京：《供给侧结构性改革：关于近期操作目标的讨论》，《改革》2017 年第 5 期。

② 参见国务院发展研究中心课题组：《打好风险攻坚战：思路与对策》，中国发展出版社 2017 年版。

投资推动型的经济增长方式除了容易带来行业性的产能过剩外，还非常容易挤压正常的消费，带来居民消费结构失衡。以房地产市场为例，我国当前高房价固然和前期的房地产业发展政策选择以及经济刺激时期大量的社会投入有关，但是也与我国居民缺乏其他的投资渠道，我国居民高储蓄率资金大量涌入有关。同时，居民因购房带来的住房投资资金，居民大量的自有资金，以及住房消费信贷捆绑资金投入了房产投资领域，占用了本可用于消费的资金，更减少了资金在市场上的流动性。我国长期以来的社会保障建设滞后、持有不动产的保障功能、文化传统中的“买房置地”观念等，形成了公众的低消费、高储蓄、高房产投入的传统，是最终导致消费在GDP构成中比例偏低的综合性原因。

国内消费偏低，造成了有效市场需求不足，“三驾马车”对经济增长的推动作用弱化；反过来，国内消费需求不振又强化了经济增长对投资的依赖性，形成了经济增长的重大风险；国内生产能力转向国外市场，也是形成贸易顺差的重要因素。历史上很多国家在前期的经济高速发展后，后续的产业结构、消费结构没有做到及时调整转型，导致整个经济结构不合理，对外部的依赖性过强，在经济体系的脆弱性受到各种内外因素冲击后，出现重大经济风险，最终导致经济上的一蹶不振。① 近年来，我国开始实行供给侧结构性调整，逐渐消化这些潜在风险的影响，并已初见成效，但是重大风险隐患依然不能被低估。

（二）涉外环境重大经济风险

习近平总书记在开班式上的讲话指出，全球动荡源和风险点增多，我国外部环境复杂严峻，需要有效防范各类风险连锁联动。

---

① 参见卞靖：《“十三五”时期我国经济社会重大风险防范研究——国际经验、教训及相关启示》，《当代经济管理》2015年第5期。

1. 外贸依存度角度

我国经济发展到目前这个阶段，外部危机事件、突发事件等因素与经济体系脆弱性结合后的“蝴蝶效应”的传导，放大了重大经济风险的可能性。2003—2008 年，我国的外贸依存度连续 6 年一度超过 50%，2006 年竟然达到创纪录的 67%，这对于一个人口十多亿的大国来说是不同寻常的；近 10 年来，我国经济中的依存度持续降低，到 2018 年降为 33.7%，但也存在区域性差异，如东莞、苏州、深圳、厦门等发达区域城市的外贸依存度依然达到 100%以上。一方面，对大国经济而言，如果对外部市场的依赖性较高，则容易受到外部环境因素影响，潜在孕育着巨大公共风险的可能性。① 另一方面，在我国整体经济增长乏力的情况下，对外依存度的降低意味着我国外向型经济量开始下降，尤其是出口开始面临巨大挑战，一时间如果没有适量内需调整跟进，将使我国在特定时期的重大风险挑战增强。

2. 进口风险角度

伴随我国经济增长的进程，我国国内投资消费需求开始迅速增加，铁矿石、石油、天然气等原材料大量进口，既拉动了原料出口国的经济增长，也增强了我国在国际市场的话语权。但同时也应该看到，在对出口国形成买方优势的同时，由于市场需求增加，带来相关产品的价格提升，其他进口国会强烈感受到市场价格提升的压力，对它们容易形成冲击。同时，这种进口容易受到进口依赖度、运输通道、国际市场价格、出口国社会稳定性等风险要素影响。② 一些核心高科技产品的刚性进口需求，还容易受到外国关税政策、国家经济安全等非贸易壁垒重大风险影响。近年来，中兴公司、华为公司的遭遇就是两个突出例子。

---

① 参见刘尚希：《外贸依存度与公共风险》，《中国金融》2005 年第 14 期。

② 参见陈其慎、张艳飞、龙涛，等：《中国海外石油供应风险分析》，《地质与勘探》2018 年第 6 期。

3. 出口风险角度

在改革开放初期，我国缺资金、缺原料、缺人才、缺乏市场经验，经济领域实行出口导向型政策，“三来一补”（来料加工、来样加工、来件装配、补偿贸易）等贸易形式，一度成为经济增长的启动器和发动机。目前，我国经济增长的净出口依赖度已大大降低，但作为行业门类齐全的大国经济，出口规模、市场份额依然十分庞大，生产厂家也是良莠不齐。从生产能力上看，很容易超出进口国市场和相关产业短期的吸纳能力；从质量上看，由于供给能力情况下的低价竞争策略，使有些商品质量低劣，很容易损害我国经济的整体形象；从价格上看，很多产品相对于进口国厂商具有很强的价格竞争优势，很容易触发相关国家的反倾销政策。这些多方因素，导致进口国政府和公众也容易产生排斥心理，带来我国贸易环境乃至国际形象恶化的风险。

4. 国外技术依赖风险角度

改革开放以来，我国接受境外直接投资数量日益增加，港澳台资企业、外商投资企业、外资企业、国外核心技术等涉外因素，在我国经济发展各个方面的作用日益凸显。港澳台和外资企业在我国进出口总额中所占的比重，远高于其在我国经济总量中所占的比重。如 2015 年，港澳台和外资企业在我国总体出口份额占 46%；其中高科技企业出口量所占比重更高，外资和港澳台资企业 2016 年在我国高科技制造业出口中占 77%，这些都远远高于其在我国 GDP 中所占比重。同时，港澳台和外资企业的政策敏感度高，受各类环境风险影响较大，一旦外部政策环境不稳定，就很容易形成出口萎缩，进而带来重大经济风险。

（三）金融领域重大风险

人们通常认为金融业是国民经济的血液和晴雨表，显示了金融对于经济系统的重要性。财政是政府公共资金的融通关系，很多人将财政风险也作为金融风险的一部分进行认识和分析。重大金融风险的很多现象，在性质上未必就是金融风险，而常常是整个经济系统中的各种其他风险通过金融形式表现出来。

1. 实体经济的金融化

出于扩大企业总利润需要，有些大型企业集团利用财务公司从事金融业务，金融监管部门对此还制定了专门的监管办法，以加强对企业集团财务公司的监管。部分地区一些非金融企业也开始从事金融业务，这既加大了金融监管难度，也容易拉高总体杠杆率。很多上市公司相比主业，更重视企业资产的兼并重组业务，并将企业并购、资本运作、房地产开发、设备租赁、场地出租等主业之外的业务金融化，作为其主营业务的重要补充，有的甚至成为经营利润的主要来源。[①]这些实体经济中企业偏离主营业务的运作方式，往往使企业经营业务的金融化特征明显，并成为金融风险的来源之一。

2. 金融领域的重大风险

我国系统性经济风险在很大程度上与金融领域的风险相关。金融领域风险的来源点多面广，具有很强的隐蔽性与复杂性。整个社会的信用持续快速扩张，是金融风险的大环境因素。2019 年，我国全年新增信贷规模达到 16.81 万亿元，同比增加 6439 亿元。当前，事实上的政府担保，金融市场上的资产价值重估等因素，也构成信用迅速扩张的重要来源。社会公众对货币体系的信任度下降，房地产市场价格的持续走高，这两方面都与公众心理预期有着密切联系。银行、股票、债券和外汇等传统合法金融市场，游离于监管系统之外的影子银行等非法金融市场，两者与房地产市场之间产生相互的资金溢出效应，也成为我国重大经济风险的爆发点和传导渠道。

3. 对金融监管的挑战

习近平总书记指出："近年来，我国金融业发展明显加快，形成了

---

① 参见财政部财政科学研究所课题组、赵全厚：《"十三五"时期我国财政金融运行的趋势判断》，《经济研究参考》2015 年第 9 期。

多样化的金融机构体系、复杂的产品结构体系、信息化的交易体系、更加开放的金融市场，特别是综合经营趋势明显。这对现行的分业监管体制带来重大挑战。”① 这就要求坚持市场化的改革方向，对我国金融监管体制模式进行全面、深入改革，统筹监管协调，有效防范化解系统性金融风险。同时，对我国系统性风险的关注点除了聚焦金融体系内部因素外，还应该更多地关注实体经济的系统性风险。特别对于我国特有的经济结构、人口结构、区域不均衡等带来的系统性风险问题应给与更多关注。除了对传统业态的金融机构及其金融活动进行关注外，还应增强对新兴互联网金融、区块链技术、金融基础设施的系统性风险关注。② 从全面监管角度，关注度更为缺失的是非法状态的融资平台、影子银行、地下钱庄等。无论我们承认与否，这已经构成了当下经济和社会生活的一部分，而且构成了经济系统非常显著的脆弱点，负面影响力也是巨大的，影响了经济体的韧性程度，并使潜在的重大经济风险的可能性增强。

（四）财政领域重大风险

财政领域重大风险，是当前经济领域重大风险的重要方面。2019年，全国财政一般预算收入 19.04 万亿元，占 GDP 的比重为 19.26%，虽比往年有所下降，但多数省份财政收入增速依然高于经济增长速度。中国财政科学研究院在 2018 年所做的年度调查表明，我国财政运行状况总体上趋于平稳，但各级财政收入下行压力较大，尤其是地方财政经济出现了分化的风险趋势，公共领域与财政领域的风险出现双上升的现象。这些财政风险问题表明，目前的财政风险已经不仅仅局限在政府公共体系内部，在很大程度上已经有了向其他方面蔓

① 中共中央文献研究室编：《十八大以来重要文献选编》（中），中央文献出版社 2016 年版，第 781 页。

② 参见王朝阳、王文汇：《中国系统性金融风险表现与防范：一个文献综述的视角》，《金融评论》2018 年第 5 期。

延的趋势。财政风险的这种向外扩张趋势，也暴露了地方政府自身防范重大经济风险能力不足的问题。

从 2010—2019 年的全国财政收入和支出的变动情况看，我国财政收支呈现以下特点：一是财政收入呈现逐年下降的趋势。2019 年有 6 个省区市甚至出现了负增长，负增长最多的达到 5.83%。二是财政支出大于财政收入，形成的收支缺口有逐年加大的趋势。在收支数量上的支出缺口中，尤其是养老保险的收入小于支出的状况最为严重，这在东北等地表现得尤其明显。三是在财政收入和财政支出的增长比率中，大多数年份的财政支出高于财政收入的增长。这表明刚性公共支出加上高于收入的增长率，使支出压力逐年递增，如图 1-2 所示。

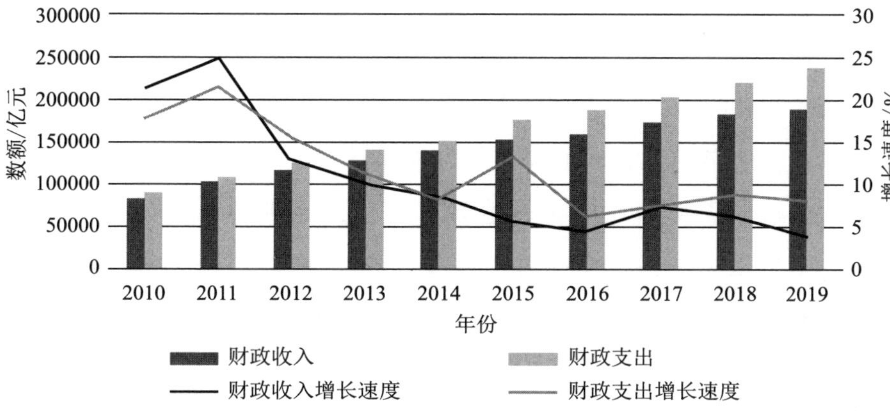

图 1-2 2010—2019 年全国财政收入、财政支出状况

数据来源：国家统计局数据库。

按照国际货币基金组织的《政府财政统计手册》，基于数据可得性、可比性及占比较低等原因，财政收入还应当界定为一般公共预算收入、政府性基金收入以及社会保险基金收入中的保险费收入。[①] 各地在通过政府负债、土地开发、政策性导向等政策措施调动资源，

① 参见闫坤：《构建现代财政体制化解财政收入风险》，《中国经济时报》2019 年 12 月 11 日。

发展地方经济的同时，实际的财政吸取的比例远远高于仅仅包含一般预算收入在内的占比，而且很多城市的土地财政收入占比也带来重大经济风险隐患。当前，在严格的政策监管和问责压力下，地方政府的举债规模被严格限额监管，原来常见的隐性债务规模，也在强大的责任追究压力下控制住了高速增长态势。

目前各地原有的存量债务的付息压力，对地方财政支出带来的沉重负担开始逐步凸显。同时，在地方融资平台利用政府身份进行公共融资的职能受到限制后，开始纷纷启用政府和社会资本合作（Public-Private Partnership，PPP）项目，作为缓解地方政府财政投资支出压力的重要方式，并在各地获得了高速发展，但是 PPP 项目的运用不当，也会带来新的地方政府财政风险。① 目前，地方政府按照 2018 年底最新修订的《中华人民共和国预算法》（以下简称《预算法》）发行专项债券，其收入的使用方向主要集中在扶贫攻坚、市政建设、保障性住房、道路交通、农林水利、公共卫生等公益性比较强的项目建设上，但公益类项目建设成本普遍较高、信息透明度低、预期收益性低，从未来这类项目的全生命周期看，其未来的可持续性也有一定风险。

三、当前若干重大经济风险点分析

经济基本面和重大经济变量的重大风险，常常通过一些风险隐患点综合表现出来。习近平总书记在开班式讲话中，重点指出了房地产市场平稳健康发展、解决中小微企业融资和“僵尸企业”处置等方面的问题。今后一个时期，这些重点风险领域也是我国重大经济风险治理中应特别关注的重大风险隐患点。

---

① 参见段艺璇、郭敏：《PPP 项目中的政府财政风险来源研究》，《管理现代化》2020 年第 2 期。

（一）房地产市场发展

习近平总书记在开班式讲话中指出，要稳妥实施房地产市场平稳健康发展长效机制方案。这是我国房地产市场风险治理的一个根本的方向性变化，即从以往通过短期政策的逆向操作改变人们的预期，降低房地产价格的阶段，转变到通过建立长线的稳定发展机制，推动房地产市场长期健康稳定发展的阶段。

1. 房地产市场风险由来

我国改革开放初期并未形成房地产业，只有建造房屋的建筑业。由于受到传统城乡建设体制机制的制约，住宅产业一直没有得到发展，城市住房状况条件恶化。20 世纪 80 年代末期，我国城市中具有卫生间、厨房、客厅功能的完善住宅仅有 966.2 万套，城镇居民共有厨房的占 6.4％，自搭或用过道临时作厨房的占 30.96％；合用厕所的占 9.85％，用街巷公厕的占 66.92％；自来水独用的占 15.85％，公用或无自来水的占 26.81％。[①] 1992 年邓小平南方谈话后，我国房地产业开始起步。虽然经历了紧缩、调控和投入的多波循环，但房地产业确实发挥了巨大作用，我国居民的住宅状况得到根本改变。在后来几十年的经济发展过程中，房地产业曾一度被当作重点培育的支柱性产业。20 世纪 90 年代末期，我国积极推进住房制度改革，住房商品化被作为房改方案的重要政策目标。同时，房地产支柱产业政策目标伴随着一系列住房开发方面的拆迁、土地征用、商品房预售、抵押贷款等各地优惠政策。房地产市场在我国经济增长过程中，也确实起到了先导性行业的巨大辐射带动作用。

但后来随着住房商品化的全面铺开，住房的公共产品属性、基本保障功能被相对忽略，前期住房商品化、房地产业支柱产业的政策弊

① 参见李明：《住宅的功能及其发展规律浅析》，《住宅科技》1991 年第 4 期。

端也开始显现。普通住宅价格直线上升，一线城市价格畸高，一般市民根本无力负担。从 2003 年到 2013 年，从《国务院关于进一步深化城镇住房制度改革加快住房建设的通知》发布开始，国务院和住房建设主管部门先后出台了“国八条”“国六条”“国四条”“国十条”“新国八条”“国十五条”“国五条”等诸多抑制房价的政策规定，国务院也先后召开 9 次常务会议，专题研究房地产市场调控，并将尽快降低房地产市场价格作为政策取向的核心。但是，这些年房地产业发展的事件证明，这些政策措施并未达到预想的降低市场价格的效果，房地产过热和超常规发展的状况也日益成为经济发展的巨大风险因素。

2. 房地产市场风险现状

近年来，我国经济领域中积极推进的供给侧结构性改革，为房地产市场的健康发展指明了一条新的道路。在近年来的改革中，首先对房地产市场的定性和认识有了根本性改变，回归了住房的准公共产品特性，确立了“房住不炒”的政策取向。在党的十九大报告中，将住房内容放在了“加强社会保障体系建设”部分，同时明确了“坚持房子是用来住的、不是用来炒的定位，加快建立多主体供给、多渠道保障、租购并举的住房制度，让全体人民住有所居”①。在近几年的工作中，通过经济适用房、廉租房、棚户区改造等多种方式，建立多主体、多渠道供给，租赁、买卖市场供给并存的住房制度和市场格局，房地产市场开始逐步走上长期健康发展的道路。

但是，由于房地产市场长期和金融、资产重估等捆绑在一起，加上普通公众的投资渠道缺乏，因此房地产居高不下所形成的巨大风险隐患，不是短期内政策调节就能够消化的。2019 年末，我国金融机构人民币各项贷款余额 153.11 万亿元，其中房地产类占 29%，贷款余额达 44.41 万亿元，贷款结构存在巨大的不合理因素。房地产业在中

---

① 习近平：《决胜全面建成小康社会 夺取新时代中国特色社会主义伟大胜利——在中国共产党第十九次全国代表大会上的报告》，人民出版社 2017 年版，第 47 页。

国经济中的重要程度依然不减，其他国家因高房价的突然崩塌所带来的危机教训影响深刻。未来的中国总人口、年龄结构、地区人口结构、城乡人口结构还在持续调整过程中，房地产市场价格变化方向也处在不确定状态。如何有条不紊地化解高房价风险，依然是我国面临的难题，尤其需要建立防范化解房地产领域重大风险的长效机制。

（二）中小微企业融资和就业

习近平总书记在开班式重要讲话中指出，要切实解决中小微企业融资难融资贵问题，加大援企稳岗力度，落实好就业优先政策。目前，我国中小微企业发展及其就业、融资等问题的解决，是保持经济健康稳定发展，防范化解重大风险的根本性选择。

1. 中小微企业事关经济健康

维持社会稳定是保持经济可持续发展的基础，社会稳定的根本是人们有工作、有收入，也就是要有实现充分就业的政策，中小微企业则是提高居民就业率的主渠道。2018 年，我国中小企业占全国企业总数的 95%，吸纳就业人数占城镇就业人口的 80%，构成了我国经济主体的绝大多数，是居民就业的主渠道。不仅如此，从经济体系中产品生产共同体的角度看，中小企业能为大企业规模化生产提供所需要的特定产品，有效弥补大企业的市场空白点，是保障大企业生产顺利进行、经营健康发展的丰厚土壤。从企业生命周期角度，企业一般要经历设立、发展、成长、成熟、衰退几个阶段，现阶段处在经济发展“领头羊”作用的大企业，也都是经历了从中小企业到大企业的成长过程，大量小企业的健康成长，也为未来大企业的生成提供了良好的土壤，也是整个经济体系更新换代，实现代际更替，保持良好稳定发展势头的基础。大中小型企业并存，既是经济体健康发展、保持韧性的基本标志，也是从根本上防范化解重大风险的基础。

2. 中小微企业融资存在问题

中小微企业虽然在就业、行业发展、经济韧性等方面发挥着巨大作用，但在中小微企业生态体系中，也存在大量固有的问题。从中小微企业自身看，普遍实行家族化管理，存在自身规范度差、管理透明度低、可供抵押资产少、融资渠道少、产品比较单一等问题。从金融机构提供融资角度看，中小微企业普遍存在贷款规模小、管理成本高、可供质押资产少、监管难度大等弊端。这些问题直接导致了中小微企业的融资成本高、融资渠道不畅通，带来的后果是各类金融机构普遍不愿意为中小微企业提供资金融通服务。中小微企业向金融机构融资的门槛高，普遍获得贷款难，但中小微企业的发展需求、融资需求又非常强烈。在这种情况下，一些地下钱庄、影子银行、不法互联网金融、高利贷等应运而生，并开始填补这块金融市场的空白，甚至发生一些非法集资事件、非法融资平台事件以及重大集资诈骗案件等，这就带来了重大金融风险问题。这些问题的发生，反过来加剧了中小微企业的融资难，从而为中小微企业融资乃至继续发展壮大带来更大的障碍，并逐渐形成了恶性循环。

3. 推动中小微企业发展

随着国内外大型企业的不断升级改造，生产技术水平有了很大提高，机器对人工的替代率日益提升，也就意味着大企业的就业容纳能力日益减少。我国是中小企业大国，中小企业占全国企业总数的99%，也是当前吸纳居民就业的主渠道，中小企业贡献了80%以上的就业岗位。[①] 在一定程度上说，稳住了中小企业就稳住了就业，就保证了就业基本盘的稳定性，也就从根本上提高了我国经济体系的韧性。但是，中小企业面临的问题和挑战更多，尤其作为中小企业主要支出项目的劳动力成本、房租支出上升较快，加上部分中小企业还面临环保成本上升压力，在很大程度上挤压了生存空间。同时，外部挑战的压力也传导过来，2008年金融危机和欧债危机以来，世界上各大经济

① 参见荼洪旺：《帮扶中小企业渡难关是稳就业重中之重》，《中国经济时报》2020年4月9日。

体普遍采用宽松的货币政策，不仅带动了我国工资的上涨，也形成了一些用工成本上的压力。这些都给中小企业的就业吸纳能力带来挑战，中小企业的就业能力在很大程度上就是我国整个经济体系的就业吸纳能力。①

（三）“僵尸企业”经济风险点

当前，“僵尸企业”处置问题已经成为中国经济正常发展中的突出问题。习近平总书记在开班式重要讲话中指出，要加大力度妥善处理“僵尸企业”处置中启动难、实施难、人员安置难等问题，加快推动市场出清，释放大量沉淀资源。只有加快对“僵尸企业”的处置，提升市场经济主体的质量，维护正常的市场运行秩序，才能提高资产的配置效率，从根本上防范化解重大经济风险。

1. “僵尸企业”存在的原因

“僵尸企业”虽然是我国目前阶段的突出问题，却不是中国经济体系中所特有的，很多国家都不同程度地存在这种所谓的“僵尸企业”经济现象。“僵尸企业”在经营上具有一些基本特征，主要表现为普遍经营效率低下，自我经营发展困难，生产技术淘汰落后，甚至已经资不抵债、靠借债输血得以生存。② 我国现存的各类“僵尸企业”主要通过外部资源注入得以维持，主要渠道包括政府提供补贴、银行对原有贷款的被迫续贷、关联企业提供资源等。外部资源注入“僵尸企业”的主要原因，常常包括政府对“僵尸企业”破产清算后可能带来的社会稳定、职工就业等问题的顾虑；也有前期贷款银行对于企业破产清算后，贷款成为呆坏账，血本无归的担忧；还可能存在关联企业在经营战略方面的考量，将“僵尸企业”作为整个集团公司战略的一部

① 参见王继承：《中小企业 2013 年度报告》，《中国经济报告》2014 年第 2 期。

② 参见王永钦、李蔚、戴芸：《僵尸企业如何影响了企业创新？——来自中国工业企业的证据》，《经济研究》2018 年第 11 期。

分等。

2. “僵尸企业”带来的经济风险

“僵尸企业”的大范围存在，形成了大量经济风险问题。一是危害整个行业发展。“僵尸企业”对整个经济体系运行和经济增长没有有效贡献，却占用了大量有价值的资产，影响全行业资源的优化配置效率，造成部分行业的产能严重过剩，影响全行业的技术研发和新产品开发。二是“僵尸企业”破坏了市场秩序。在产品市场上进行的无序竞争，不仅对优质企业形成巨大的冲击，还容易产生“劣币驱逐良币”效应，降低整个市场的质量水平。三是“僵尸企业”扰乱了金融市场。大量“僵尸企业”貌似以经营存续状态存在，造成了持续经营的假象。“僵尸企业”常常利用这种假象，与健康发展的企业通过债券、债务和投资权益关系，形成千丝万缕的复杂经济联系。一旦发生类似亚洲金融危机、美国次贷危机等经济风险和危机事件，就非常容易造成整个经济链条的瞬间断裂，并形成重大的经济风险点。

第二章　如何认识当前重大经济风险

习近平总书记在总体国家安全观的重要讲话中，将经济安全作为国家安全的基础，将防范化解重大经济风险作为经济安全的重要工作。经济风险与经济发展相伴而生，甚至成为经济发展的一部分，安全发展理念是我们积极推进治理体系和治理能力现代化的重要指导方针。全面深入认识重大风险，了解风险特征，采用合适的认识视角是我们判断、防控重大经济风险，处理好安全与发展关系的关键。

一、对重大经济风险的认识判断

风险一直是社会科学、自然科学等学科的重要研究主题，但长期以来风险的研究对象多以个体、局部、组织、行业等微观层面的风险为主。这主要与早期经济和社会发展中的风险形态有关，当时整个社会的系统性不强，社会各领域相互间的联系和互动很少，风险演化为重大风险的情况较少。在这种社会环境风险状况下，人们也较少关注对系统性、全局性、跨区域、跨领域的重大风险进行研究。

（一）当代风险社会认识

经济稳定历来是政府管理的目标，即便在系统性相对不强的古代社会，也常常会有平抑市场的措施和政策，在所谓的当代风险社会条件下更是如此。具有确定性、稳定性的经济制度和经济政策的功能之一，就是对冲这种系统脆弱性引发的不确定性。从 20 世纪 30 年代开始，重大经济风险的防范和化解已经成为政府宏观经济调控政策的重要内容，也是政府经济治理的重要目标和经济理论的研究重点。

直到 20 世纪末，随着人类社会政治、经济和社会活动的联系与日俱增，整个人类活动的系统性逐渐增强。人类社会越来越成为一个联系紧密的社会系统，人与人之间、组织之间、国家之间通过各类活动产生的相互影响，以及对自然环境和生物界的影响日益加剧。在人类活动对自然界和社会生活领域的干预范围和深度日益扩大的情况下，因决策不当、市场风险、技术失败等造成的人为风险，超过自然界的气象、地质等灾害带来的风险，而成为当代社会风险结构的主要内容。因系统性增强带来的脆弱性，加上系统的“蝴蝶效应”传导放大机制，对整个系统的影响及其造成的后果也越来越严重。

德国社会学学者乌尔里希·贝克等人对当代社会工业发展基础带来的风险进行了研究，提出了风险社会理论，创造性地指出相对于传统社会的个人化、分散化、区域性的风险形式，现代社会的风险都表现为全人类、综合性、全球性。除了经济和物质财富分配外，人类政治应当越来越多地关注于风险分配。① 贝克等人的风险分配观点是对以往的经济学乃至其他社会科学基础理论假设中物质生产过程认识的革命性飞跃，他将风险作为经济活动生产的一个基本要素。贝克曾经指出：“当代风险内涵是个明确表达了自然力量和传统力量终结的概念。或者如果换个说法的话，当代社会中的风险，主要是指自然和传统失去他们以往的无限效力，并依赖于人所做决定的地方，才谈得上风险。”②

---

① 参见乌尔里希·贝克：《风险社会》，何博闻译，译林出版社 2004 年版。

② 乌尔里希·贝克、约翰内斯·威尔姆斯：《自由与资本主义》，路国林译，浙江人民出版社 2001 年版，第 119 页。

贝克的这个观点表明近代以来，人类社会对自然过程干预越来越强，风险更多地与人的活动有关，而非与自然界的运动相关联，且往往是历史传统上所不常见，甚至闻所未闻的风险。比如，人类发明的核物质带来的辐射风险，就与人类的科学技术创造有关，且是以往社会所没有的。正是人类社会这种对于自然的介入过程，才带来了风险社会并使社会风险日益形成。这种人类进行干预的介入过程，从20世纪30年代开始就形成了传统。具体到经济政策领域，世界各国政府全面启用凯恩斯主义政策，宏观经济学理论也应运而生，这是当代风险社会经济体系的重要表现。

英国学者安东尼·吉登斯的研究进一步认为，随着现代工业化社会的发展，人类开始进入高强度意义上的风险全球化；人类知识积累开始进入自然物质环境后，使原有的风险加剧，并影响千百万人的生活机会，为减轻风险所进行的制度化，反而产生了制度化风险。[①] 吉登斯看到了经济体系的当代风险现状，即经济制度本身是用来增强经济运行过程的确定性、稳定性，提高经济主体的预期能力，功能上是用来减少社会风险的。但是制度化本身又带来了制度的异化，成为新的经济社会风险的源泉，这就是当代社会风险的重要特点。

诸如投资市场、债券市场、能源市场的制度，原本的功能是用来增强人们交易的规范性、稳定性、信息对称性、行为可预期性，这在很大程度上是一种风险防范的职能。但是随着制度的变迁和进步，人们所创立的一些掉期交易、期货合约、能源期货等产品，又成为产生一系列重大经济风险的根源。发行债券是为了平衡当期投资需求超过当期收入的快速增长，原本具有平衡经济发展的机制设计功能，但是各种经济和非经济的内生、外生性因素带来的偿债能力问题，却使债务成为公共风险的一个重要来源。在很多国家，甚至造成了政府破产或国

① 参见安东尼·吉登斯：《现代性的后果》，田禾译，译林出版社2000年版。

家债务重组等公共债务危机问题。从这个意义上看，当代社会及其构成社会要素的制度因素日益成为风险来源，反映了风险社会的性质。

（二）当代经济风险认识

市场经济超越了原始物物交换的分散性、孤立性，市场通过货币等交易中介将个体经济活动联系起来，推动了近代工业革命和现代社会的发展。在货币基础上，进一步衍生出金融市场上的信用借贷、资本市场上的一系列金融工具，从而产生以系统化为特征的金融体系。不仅如此，当代社会金融与国家的关系日益密切，甚至还超出了经济领域，给整个国家安全带来影响。习近平总书记在 2019 年 1 月的开班式重要讲话中，把金融风险上升到国家安全高度，指出金融安全是国家安全的重要组成部分，是经济平稳健康发展的重要基础。现代金融活动将各类经济活动通过金融市场、货币、信贷等金融手段联系起来，经济的系统性发生了质的飞跃。但是，这种系统性、联系性增强，在提高资源配置效率，做大经济规模的同时，也为系统对脆弱性传导放大机制的作用打下了基础。这种“蝴蝶效应”将经济风险无限放大的结果，就是经济风险危机的来临。

当代金融市场中的金融工具对经济风险的传导性、放大性最为明显。各类衍生金融工具和规避风险的一些金融创新，原本是为了减少经济风险而进行的制度设计。但是，这些最初设计的具有避险功能的金融工具，最终反而使经济风险级数迅速飙升，并不断传导放大系统的脆弱性。一般性的经济风险通过金融系统的传导机制，容易通过投资、消费的乘数效应进行无限放大，从而导致系统性金融风险；脆弱性被放大的后果将波及整个经济体系，形成重大经济风险。因为金融在现代经济体系中所承担的独特作用，使重大经济风险从直观、传导、成因、后果等各方面的外在形式都表现为金融现象，所以重大经济风险也常常被称为“系统性金融风险”。

21 世纪以来，随着网络社会的形成和发展，计算机网络开始摆脱以往的虚拟化概念，越来越实体化，并通过物联网、大数据、网上购物等方式，与人们实际生活的联系日益密切。网络除了具有继续作为信息传播工具的功能外，也开始像金融系统、金融工具一样，越来越多地承担着资源配置工具的功能。人们在研究金融系统性风险放大机制的同时，也关注到网络系统性风险的放大趋势在增强，而且这种脆弱性放大功能的规模是前所未有的。如果金融只是通过金融系统、资金融通、金融工具等途径，将经济主体、经济要素和经济活动联系在一起的话，那么互联网则除了将联通经济主体、要素和活动外，还前所未有地将政治、社会、文化等各类非经济主体、要素和活动联系起来。尤其是与之相关联的信息，通过网络传播工具已完全无时滞地加速度增长，这点是通过传统的金融联系形成的网络体系所远远无法企及的。

网络和信息安全越来越紧密地与经济和现实社会相互联系，带来更多的安全和风险问题。习近平总书记指出："网络和信息安全牵涉到国家安全和社会稳定，是我们面临的新的综合性挑战。"① 这对于一向比较活跃的经济领域更是如此，经济领域中的网络信息技术的应用也是最为普遍的，网络和信息技术本身日益成为一个产业，网络和信息技术安全对于经济风险的影响也是显著的、多维的、全方位的。另外，学者们也开始对风险感知能力进行强化，以及对急剧增强的心理因素、社会舆情的经济、社会风险影响进行研究。② 与以往时代不同，现代网络社会的很多学者也关注到，金融与互联网技术结合形成的互联网金融，更是将经济风险加倍放大，形成重大经济风险的典型来源。③ 在网络社会中，金融和互联网技术的结合所带来的风险不仅以内生性

① 中共中央党史和文献研究院编：《习近平关于总体国家安全观论述摘编》，中央文献出版社 2018 年版，第 164 页。

② 参见王治莹、梁敬、刘小弟：《突发事件情境中公众的风险感知研究综述》，《情报杂志》2018 年第 10 期。

③ 参见李伟：《互联网金融风险与防范研究综述》，《经济研究参考》2017 年第 54 期。

因素作用在互联网金融上，也通过一些外生性因素，给金融和经济系统带来了外在的冲击。

（三）经济风险与重大经济风险

经济风险总是与经济安全相对应，经济安全是指一个国家或地区的国民经济保持稳定发展，并能够有效抵御外来冲击的能力、对外来冲击的吸纳能力、受到冲击后的迅速恢复能力。当一个经济体遭受外来威胁，稳定受到严重影响时，就属于存在潜在经济风险。这种冲击既可以是内生的，如金融体系中的利率、投资等，也可以是外生的，如两次世界大战、2003 年非典疫情、2008 年汶川地震、2020 年新冠肺炎疫情等。本书所说的经济风险主要是指宏观经济领域的风险，这种风险往往具有系统性、公共性、规模性等特征。我们所说的重大经济风险，则主要是从规模性、系统性两个维度而言的，如 2008 年全球金融危机所带来的重大影响就超越了区域范围，对全球经济形成重大影响，最终带来的损失也是巨大的。2020 年新冠肺炎疫情作为外生性因素，对国际金融市场的影响很大，带来了美国资本市场的数次熔断、指数下跌；对世界各国工业生产、贸易的影响也很大，带来了企业关店倒闭潮，使世界经济增长速度大幅度下降等。

重大风险从领域上主要指金融风险，具体包括资本市场、货币市场、期货市场、房地产市场、外汇市场等重大风险分析。当然，随着近年来政府财政收入走低、支出压力上升，对财政风险、政府负债、地方融资平台、社保基金等重大风险的研究也开始增加。习近平总书记于 2016 年 12 月 14 日在中央经济工作会议上的讲话指出："我国经济运行面临的突出矛盾和问题，虽然有周期性、总量性因素，但根源是重大结构性失衡。"① 一些全局性、系统性行业风险的结构性失衡，

① 中共中央党史和文献研究院编：《习近平关于总体国家安全观论述摘编》，中央文献出版社 2018 年版，第 93 页。

是经济风险的重要来源，对这方面的研究也得到广泛重视。例如，能源短缺、粮食不足、水资源危机、人口危机、互联网金融风险、失业等重大经济风险研究。

除了全局性、行业性的经济风险，学者们也开始系统研究重大经济风险过程，即重大经济风险防范的总体思路，风险形成机理、传导机制以及短期、中期和长期风险防范的重点。① 这些重大经济风险研究按照风险管理流程，包括监测预警、风险评估、风险准备、情景构建、应急处置等风险全过程。② 经济政策研究开始指向如何在事先制定经济风险防范的具体措施，而非在事后进行危机处理。这些也贯彻了习近平总书记提出的“主动防范、系统应对、标本兼治、守住底线”③ 的防范化解重大风险的总体目标。

二、当代重大经济风险的特征

人们对当前重大经济风险特征的认识，主要集中在五个方面，即重大风险的系统性、传导性、公共性、规模性和复杂性。这些特征既反映了我国当前经济体系的一些固有问题，也反映了重大经济风险的一般性特征。

（一）重大经济风险的系统性

重大经济风险的系统性是指影响经济领域中所有经济主体的因素，进而导致重大经济风险的特性。这些常常是基于全局性的共同因素引起的经济指标的可能性变动。从起因上看，这些系统性风险的起因既包括政权更迭、全面战争、大规模疫病流行、重特大自然灾害等外生

① 参见万晓琼：《应用经济学研究综述：2014—2018 年》，《改革》2018 年第 11 期。

② 参见赵丹丹：《系统性风险预警模型和测度方法研究综述》，《现代管理科学》2018 年第 3 期。

③ 王一鸣：《把防控金融风险放到更加重要位置》，《学习时报》2017 年 8 月 21 日。

性因素，也包括经济周期、通货膨胀、能源危机、宏观政策调整等经济系统的内生性因素。基于这种风险的系统性特征，使人们常常无法通过商业保险工具，对重大风险进行规避和转移。正是因为这种系统性特征的存在，重大经济风险又常常被称为“系统性风险”；又因其在直观上经常表现为金融和货币现象，所以人们又常常将各类重大经济风险称为“系统性金融风险”或“金融风险”。

在当代社会中，随着大数据、物联网、云计算、网络存储、移动支付等互联网技术得到全面发展，并开始与产品生产过程、销售过程、金融体系等经济体系要素进行全面整合，更加强化了经济活动的系统性，也就使体系的脆弱性和传导机制带来重大经济风险的特征更加明显。这些当代新技术自身同样存在系统脆弱性，并成为导致重大风险的因素。这种脆弱性放大带来的冲击，作为外生性因素变量也常常导致经济系统的崩溃或损害，导致了重大经济风险的产生，也更加剧了风险系统性带来的损害。例如，2017 年 5 月因网络故障导致伦敦两大机场取消大量航班，造成了巨大的经济损失。近年来，世界上很多机场经常受无人机违规飞行影响，造成大量航班取消或延误，并形成连锁反应，波及其他行业。

（二）重大经济风险的传导性

经济风险的传导性源于其系统性，通常由某个国家或地区经济系统中的内部或外部事件引发，通过经济系统一系列风险传导机制的关联传递作用，将事件引发的负面效应通过连环的“多米诺骨牌效应”扩散到更大范围，并导致整个经济系统运行状态严重偏离预期目标的故障效应。[①] 这种传导性，不仅仅体现在系统内部对脆弱性的传导放大机制上，也包括外部系统脆弱性的传导机制，即对一国经济之外的

① 参见谢志刚：《系统性风险与系统重要性：共识和方向》，《保险研究》2016 年第 7 期。

经济系统、政治秩序、安全威胁、文化渗透等方面的危机扩大机制。

当前，全球性的外部经济环境面临着前所未有的挑战：经济不振、贸易保护主义、贸易规则重新建构。在政治秩序上，包括民粹主义的兴起、反全球化汹涌、地缘政治危机问题突出等。重大经济风险导致的危机后果，也会向全球安全系统波及，加剧诸如地区冲突、网络安全、三股势力等方面的危机。有的重大经济风险还会带来全球经济版图的重新排列组合，分别占据资源优势、技术优势、劳动力优势等不同资源禀赋的国家会进行财富分配的全面配置。重大经济风险也会带来文化系统方面的巨大影响，带来一些诸如文化解构、特定模式崩溃论调、特定国家威胁论调等方面的不和谐声音。

在这种形势下，经济领域重大风险常常会通过系统的脆弱性传导放大效应，带来世界大变局的加速深刻演变，使全球动荡源和风险点增多，我国外部环境更加复杂严峻。我们要以坚决维护主权、安全、发展利益为目标，为我国改革发展稳定营造良好外部环境。在应对重大经济风险方面，我们要统筹国内国际两个大局、发展安全两件大事，既要聚焦重点经济工作，又要统揽经济发展全局，有效防范化解重大经济风险带来的各类风险的连锁联动。

（三）重大经济风险的公共性

重大经济风险的公共性是指重大风险后果的作用对象有不特定性、广泛性的特征，对政府机构、企业组织、社会团体和公众个人都施加直接影响，这属于重大经济风险的社会属性。从公共产品理论角度，这种公共性往往具有负外部性，是政府经济管理职能的重要组成部分。在重大经济风险中，金融危机、能源危机、水资源危机、就业危机等各类全面性或局部性的重大经济风险，首先破坏的都是国民经济运行的平衡关系，通过破坏这种平衡关系，对各类经济主体产生负面影响。

重大经济风险的负外部性不仅仅局限在经济领域，而更容易蔓延为社会乃至政治风险，并影响社会稳定甚至引发社会动荡。习近平总书记在 2019 年 1 月的开班式重要讲话中论述重大经济风险时，重点强调了“就业优先”“人员安置”等问题。中央政治局在 2018 年 7 月首次提出的“稳就业、稳金融、稳外贸、稳外资、稳投资、稳预期”的“六稳政策”中，将“稳就业”放在第一位。因为就业是最大的民生，是社会稳定的基石，是公共利益的最集中体现，更是防范化解重大风险的首要工作。在 2020 年 4 月召开的中央政治局会议上，强调了在疫情防控工作常态化的前提下，一定要做好“保居民就业、保基本民生、保市场主体、保粮食能源安全、保产业链供应链稳定、保基层运转”的“六保”工作，将就业、民生和市场主体等公共性强的必保领域作为工作的重中之重。无论是前面的“六稳”政策，还是后来的“六保”举措，都是基于对重大经济风险的深刻认识基础，围绕重大经济风险公共性强的领域制定的政策措施。

（四）重大经济风险的规模性

重大经济风险的规模性是指重大经济风险多发生在宏观经济领域，具有波及领域广泛，损失规模巨大，后续影响深远的特征。重大经济风险的规模性常常被无确定性的定量化单一衡量指标予以描述，因为相同指标对不同地区、不同时期、不同风险要素组合、不同领域的风险构成含义也各不相同。

重大经济风险将造成宏观经济增长、经济结构、杠杆率、对外贸易、经济预期、外部环境等变量的大调整，并因其传导性特征，将这种影响传导到整个社会的各个领域，甚至跨区域传导到世界各国。20 世纪 30 年代的世界经济大危机带来的各国经济大萧条，1997 年的泰铢贬值引发的亚洲金融危机，2008 年美国次贷危机引发的全球金融危机等重大经济风险，都造成了巨大经济损失，并对世界或区域范围内的政治、经济、社会发展等各方面产生了深远影响。党中央在新冠肺炎疫情防控中，特别强调了居民就业问题、基本民生问题、市场主体的生存问题、粮食和能源安全问题、产业链供应链稳定问题、基层政权运转问题，这些都是在遭遇重大冲击后，维持经济体系基本韧性的要素。

（五）重大经济风险的复杂性

重大经济风险本身的外在表现是十分复杂的，简单来看就其形式有“黑天鹅”事件和“灰犀牛”事件。“黑天鹅”事件是属于经济体系中极其罕见的、出乎人们意料的并产生重大影响的经济风险。人们虽然在事后往往为其发生编造各种托词和理由，建立一系列的解释模型和理论，并认为它在一定程度上是可解释、可预测的，但事实上很少有人对这类事件进行精确、清晰而实用性强的预测。如 20 世纪 30 年代的世界经济大危机、1997 年的亚洲金融危机、2008 年的金融次贷危机、2020 年新冠肺炎疫情带来的巨大经济风险和冲击等，都属于经济领域中的“黑天鹅”事件。“灰犀牛”事件属于太过于常见，以至于人们习以为常的风险挑战，它与“黑天鹅”事件相互补足，在一定条件下也可以相互转化。“灰犀牛”事件是一种大概率危机，在各个领域不断上演。这类事件主要包括：房地产市场的高房价、金融市场的高杠杆率、“僵尸企业”、地下经济中的高利贷等类型的经济风险。

习近平总书记在 2017 年 7 月全国金融工作会议上的讲话中指出，应对经济风险的复杂性要做到“把主动防范化解系统性金融风险放在更加重要的位置，科学防范，早识别、早预警、早发现、早处置，着力防范化解重点领域风险，着力完善金融安全防线和风险应急处置机制”①。无论是“黑天鹅”还是“灰犀牛”，这类重大经济风险和事件，在什么时候发生，在什么地方发生，发生的规模有多大，常常不是人

① 中共中央党史和文献研究院编：《习近平关于总体国家安全观论述摘编》，中央文献出版社 2018 年版，第 97—98 页。

们所能够准确预见的。但各类复杂风险危机事件的发生、发展都要经过潜伏、萌芽、扩散、爆发等基本过程是确定的，不同阶段应当采取的重点政策措施也有一定规律可循。有人以房地产市场从脆弱性风险到危机爆发的规律为例进行说明，认为风险在初期存在“萌生—积聚—生成”的缓慢孕育过程，在房价大幅下降阶段，则存在“传导—扩散—爆发”的过程。在这一过程中，系统脆弱性传导带来的风险迅速累积形成，并对整个经济体系运行形成冲击。对应风险过程，重大经济风险治理应该包括对风险的监测预警、预防准备、情景模拟、压力测试、响应处置、恢复重建、危机学习等。同时，经济风险的风险感知、风险沟通、风险协调，则贯穿在治理的每个环节。

三、当代重大经济风险的认识视角

重大经济风险属于宏观领域的经济现象，经常表现为供给和需求的失衡，需要从总供给、总需求两个宏观视角进行分析。同时，要关注金融、能源、粮食耕地、人口等经济风险主要领域，并深入认识针对各个重点领域与风险相关的“六稳”政策。

（一）供给需求分析的两个角度

重大经济风险一般与宏观经济状况直接相关联，几乎所有的重大经济风险在很大程度上都是宏观经济风险。我们在分析重大经济风险时，一般需要从需求侧、供给侧两个侧面，从两者平衡的视角作出分析、判断。

1. 重大经济风险的需求侧分析

从宏观经济总需求结构角度，通常可以分为投资、消费、净出口三个领域，通俗地称为宏观经济增长构成的“三驾马车”。其中，投资、消费和净出口的风险因素，与产品市场、货币市场和国际市场存在的风险相关联。重大经济风险的内生、外生性风险因素，也是通过这三个指标发生作用并显露出各种外在表现的。

投资是增加或更换资本或资产的支出，资本或资产支出包括厂房、住宅、机器设备和存货的支出。经济增长中的投资既是最活跃的因素，也是政府宏观经济管理、重大风险防控中最容易主动掌控的，而非被动接受的因素。因此，在应对经济过热和紧缩的危机中，投资政策是最常用的应对危机的政策措施。

消费则包括购买汽车、电视、冰箱、洗衣机等耐用消费品，衣服、饮料、食品等非耐用消费品，医疗、旅游、美发、健身等劳务方面的支出。但是，住宅方面的支出不包括在消费领域内，一般因其消费的长期性被归入投资领域。居民的一般消费需求具有一定的支出刚性，其日常开支不会随着收入的增减快速增长，缺乏收支弹性。因为有些基本的消费品属于基本的需求，即便经济条件发生很大变化，也无法迅速地调整增减。

净出口主要是指出口减去进口后的数值，出口对于一国经济而言是一种消费需求，进口则是国内的需求向国外转移，所以一般以净出口衡量对本国经济总需求的影响。净出口增长受到影响的因素比较复杂，既与国内的经济增长、居民生活水平相关，也与国内企业生产、供给状况等因素相关，更与国外的需求状况及国内外关税政策、非贸易壁垒相关联。

保持“三驾马车”因素的平衡关系，并提高抗冲击韧性能力，减少系统的脆弱性，是保持经济快速稳定发展，不产生大起大落危机，并最终实现经济安全发展的重要指标。

2. 重大经济风险的供给侧分析

2008 年国际经济危机以后，为应对经济冲击的影响，我国实施了一系列积极的财政政策和量化宽松的货币政策，中国经济发展在遭受了巨大冲击的情况下，依然保持了高速增长的势头。但是刺激性政策、国际经济危机、国内消费投资结构变化，最终集合性的后果是中国经济的供给和需求关系产生结构性失衡。从供给侧角度看，“结构性错位配置”已成为我国经济可持续性发展的最大障碍，过剩的落后生产能力已成为制约中国经济结构性调整转型的沉重包袱。

我国经济体系中的供给侧与需求侧严重脱节，成为我国经济体系的重大脆弱点。一方面，产品产业链的中低端、高端结构失衡。尽管经济体系的各个领域有所差异，但总体上看低附加值、低科技含量、靠量取胜的中低端产品过剩，高附加值、高科技含量、靠质占优的高端产品供给严重不足，且对于上游产品有依赖性，下游的市场需求则缺乏韧性。另一方面，供给侧与需求侧关系失衡。一个运行有效的供给和需求机制，一定是相互产生、互为因果的关系。例如，在手机产生之前是没有手机需求的，正是因为手机的产生，才导致对苹果、华为、小米等各种品牌手机的需求。另外，虽然手机产生前没有手机消费需求，但是存在一般意义上的通信需求。创新能力强的厂商会认真研究这种需求，并最终创造出符合公众需求的产品，以响应消费需求。但在目前的供给和需求状态下，需求产生合意供给、供给催生合意需求的机制尚没有真正产生。因此，在多年积极推进需求侧投资、消费、净出口的基础上，当前强调的供给侧结构性改革就是要从生产、供给方面入手，调整供给结构，增强供给能力，为真正启动内需寻求经济发展新动力。

关于总的形势，正如习近平总书记指出的那样：“过去，经济高速发展掩盖了一些矛盾和风险。现在，伴随着经济增速下调，各类隐性风险逐步显性化，地方政府性债务、影子银行、房地产等领域风险正在显露，就业也存在结构性风险。”①

① 中共中央党史和文献研究院编：《习近平关于总体国家安全观论述摘编》，中央文献出版社 2018 年版，第 76—77 页。

（二）经济风险的几个典型领域

目前，供给侧的主要问题体现在资源、劳动力、资本、制度建构、技术创新等要素方面。具体表现在产能过剩、能源安全、粮食安全、耕地安全、水资源安全、人口结构性危机与就业、金融风险、区域不平衡等方面。比较突出的有房地产市场问题、金融市场、中小微企业融资、就业、“僵尸企业”处置等方面的风险。

1. 金融领域风险

我国当前金融风险点多面广，呈现出隐蔽性、复杂性、突发性、传导性、危害性等突出特点，高杠杆率确实是我国当前宏观经济中金融脆弱性的总根源，如何去做并无规律可循。从宏观层面看，我国当前最大的金融风险是地方政府和国有企业杠杆率较高的结构性风险，以及经济增速下行可能引发的债务偿还链条断裂风险。

从中观层面看，我国金融风险的主要表现是，近年来随着我国金融业的快速发展，整个行业跨行业、跨市场、跨区域的系统脆弱性交叉传导风险在逐年增加。例如，我国金融业通过抵押贷款与房地产业联系密切，全国金融机构 2019 年末的人民币各项贷款余额达到 153.11 万亿元，房地产贷款余额 44.41 万亿元，占各项贷款余额的 29%。当前房地产贷款余额，远超地方政府债务和信用债务规模。

从微观层面看，金融风险主要体现为金融机构自身的风险。以银行业为代表的各类金融机构，作为资源配置、经济发展的依托主体，也是实体经济领域的重大风险向金融领域重大风险传导、扩张的第一道防线，微观层面的金融机构自身风险是金融领域重大风险的关键。其中，存在信用缺失诱发的风险，尤其是不良贷款的违约风险最明显；内控制度不完善，内控系统运行存在巨大风险；从业人员自身业务水平低，风险意识弱带来的风险。

2. 能源领域风险

在我国能源结构中，煤炭、石油等化石能源的比重过高，尤其是煤炭比重近年来一直在60%左右，石油、天然气占比25%左右，这两类能源占据了我国能源消费的绝大部分。我国煤炭品质不高，含硫量较高，优质煤比重低，造成的环境污染严重；开采成本相对较高，相对不经济。在这种情况下，我国煤炭、石油等化石能源消费居高不下，影响了我国环境安全，是造成我国多雾霾的原因之一。

由于日益增长的汽车消费，我国石油消费量猛增，但国内原油供给量有限，且原油消费中我国原油对外依存度日益增高。2019年，我国原油净进口量首次突破了5亿吨，成品油净进口量首次突破5000万吨，原油和石油对外依存度双破70%。[①] 在石油对外依存度攀升的同时，我国石油来源地单一带来的风险也在增加。我国进口石油中，一般来源于中东地区的主要产油国，很多地区局势不稳定，也影响了持续的可供给性，一度影响石油运输通道安全的海盗问题，就是一个典型的例子。

安全能源储备方面的风险，也是能源安全的一个重大问题，其中最重要的是国家石油战略储备。战略石油储备抑制重大经济风险的作用在于，在能源供给紧张的情况下，通过向市场释放储备油减轻整个市场压力，增强心理预期，降低价格上涨的可能，达到减轻石油供应对整体经济冲击的程度。对我国这种依存度较高的石油进口国来说，石油战略储备是应对供应短缺而建立的头道防线，其作用在于危机来临时，可为经济增长方式调整，尤其是能源供应、消费方式调整争取必要的时间。

3. 粮食供应与耕地保有风险

我国每年的粮食需求总量达到6亿吨，但世界粮食市场的总供给量只有5亿吨，我国2018年的粮食产量为6.6亿吨，完全能够实现自给。从国际粮食贸易的角度看，除了国际粮食市场总供给量不足外，

---

① 参见中石油经研院：《2019年国内外油气行业发展报告》，《中国经济周刊》2020年1月14日。

市场的供给结构不合理也是重要的风险因素之一。例如，少数厂商供给过于集中，在国际市场上具有垄断地位，是未来粮食消费构成的潜在风险因素。如阿彻丹尼尔斯米德兰、邦吉、嘉吉、路易达孚四大粮食集团①的交易量，已经占据了世界粮食市场供应量的 80%，而且这几大粮商集中在个别国家，分别为 3 家美国企业、1 家法国企业。

粮食作为基础性的战略物资，基本自给是一个大国保持自主性，应对风险危机挑战的基本保障，对于我国这样的人口大国尤其如此。粮食基本自给的基础是保持一定数量的耕地，这又是维护粮食安全的基础。为维护这一目标，我国的建设用地实行“增存挂钩”机制，耕地实行“占补平衡”政策，同时划定了 1.2 亿公顷耕地红线，划定永久基本农田 1.03 亿公顷。不仅着眼于数量、质量和生态环境上的安全，也是防范化解粮食和耕地领域重大风险的根本。通过制定全国高标准农田建设的总体规划，积极推进耕地的数量、质量、生态“三位一体”保护政策，提高耕地质量，同时也要提高耕地的水资源利用率。

4. 人口与劳动力风险

随着我国新生婴儿出生率的逐年走低，人口结构也发生了较大的变化，人口老龄化危机已见端倪。从我国长期的出生人口和出生率变动来看，我国经济增长高峰区间与劳动力人口高峰区间基本上是重合的。但是，近年来人口和出生率已经呈现双下降的趋势，尤其是出生率下降更为明显，如图 2　1 所示。

甚至有人认为，随着人口结构变化，人口出生率断崖式下降是一个可以预见的未来。在一些城市和地区发生的劳动力结构性短缺，已经预示着这种危机的来临。我国人口的结构性变化，不仅表现在年龄方面，也表现在性别、民族、地区、教育水平、就业结构等各个方面。习近平总书记指出，人口结构失衡带来“更深层的一个问题是，我国

① 粮食生产、贸易领域所说的 ABCD，即美国 ADM、邦吉（Bunge）、嘉吉（Cargill）和法国路易达孚（Louis Dreyfus）四大粮商的名称字母代号。

人口结构发生重大变化，老年人口比重上升，劳动年龄人口减少，中等收入群体扩大，但供给体系未能跟进，结果是一方面过剩，另一方面不足”①。从这个意义上看，我国的人口问题不仅仅是个体、家庭和区域问题，更是全国性问题和国家安全问题。

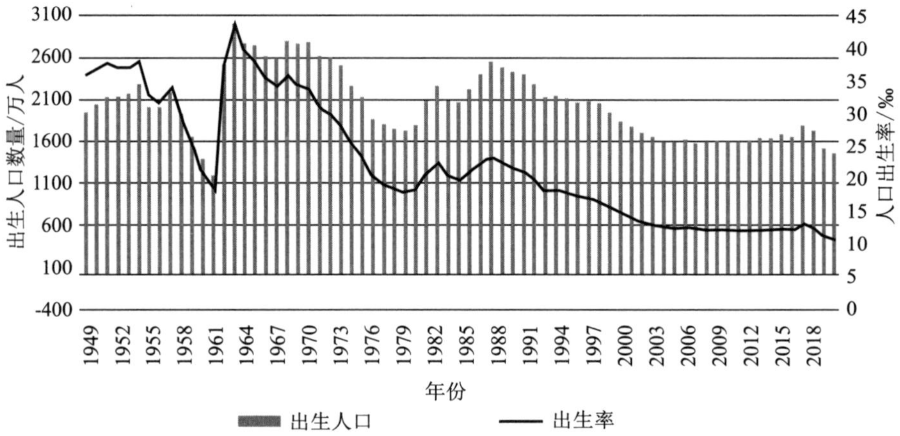

图 2－1　1949—2019 年我国出生人口和出生率变动图

数据来源：国家统计局数据库。

（三）应对重大风险的“六稳”政策

在 2018 年 7 月的中央政治局会议上，为应对经济领域可能出现的风险，首次提出了稳就业、稳金融、稳外贸、稳外资、稳投资、稳预期的“六稳”政策措施。在六个“稳”中，前五个是针对重大经济风险应对中的五个现实问题和脆弱点，提出的防控重大经济风险的五方面重点工作。稳预期，是上述五个“稳”的方法论基础，是贯穿其他几个方面的一条主线。

1. 稳就业

对于任何一个经济体而言，就业都是民生之本，充分就业是维护

---

① 中共中央党史和文献研究院编：《习近平关于总体国家安全观论述摘编》，中央文献出版社 2018 年版，第 93 页。

社会稳定的基础。就业是人力资源的利用状态，充分就业意味着人力资源的充分利用，也是经济增长的根源。重大经济风险防范化解的根本在于经济的健康稳定增长，有效消费需求是经济增长的源泉，支撑需求的根本在于居民收入的增加，居民收入的增加在于就业的增长。

我国劳动年龄人口已经连续多年进入下降通道，劳动密集型服务业在经济份额中所占比例在上升，劳动生产率的增速呈现了趋势性下降。以往的宏观经济调控预警指标中，人们经常着重关注的 GDP 增速与失业率之间的关系，已经开始出现了明显弱化趋势。[①] 随着我国经济增长速度向常态的回归，就业率本身也应当逐渐成为宏观调控的目标。居民就业、经济增长和防范化解重大经济风险之间存在很强的相关联系；同时，保持稳定的就业率是实现社会稳定的根本，后者则直接构成了经济稳定发展的关键环境因素。

2. 稳金融

金融体系是现代经济体系的核心制度，发挥着经济体系的“血液”和“血管”功能，提高韧性、降低脆弱性是防控重大风险的重要途径。金融安全既是国家经济安全的重要组成部分，也是经济体系各系统中最为典型的。从国际局势来看，2008 年爆发金融危机以来，危机造成的各国经济增长速度大幅下滑，公共负债和企业机构债务增加，各国经济增长动力不足的局面一直持续至今，十多年以来没有得到根本解决。从国内看，中央提出“六稳”中“稳金融”的政策方向和措施安排后，中国人民银行先后对存款准备金率进行了多次调整，还大幅度增加了中长期的资金流动性，着力对冲信用现实收缩带来的现实资金压力，充分稳定资本市场良性预期等方面的政策措施，都发挥了良好的效果。只有做到对“稳金融”政策措施的有效实施，才能增强金融系统的韧性，降低脆弱性，从根本上防范重大经济风险的发生。

---

① 参见马骏：《以稳就业为宏观调控核心目标》，《中国金融》2018 年第 1 期。

从金融政策、金融工具、金融工作的根本目标角度看，“稳金融”就是要提高金融体系服务实体经济、满足经济社会发展和人民群众需要的能力。具体工作角度，包括金融服务、监管调控政策、系统运行、金融市场、对外开放五个方面的金融稳定工作。只有通过不断深化金融供给侧的结构性改革，才能为有效应对经济下行压力，加大防范化解重大风险和推动经济高质量发展，营造稳定安全的金融环境。① 从防范化解金融风险角度看，“稳金融”的近期重点就是要防范化解中小金融机构风险、资本市场风险、房地产市场风险、点对点网络借款（Peer to Peer Lending，P2P）、网络资金平台风险等方面风险危机对经济的潜在冲击。

3. 稳外贸

外贸增长能够带动经济稳定增长，尤其是对促进本国 GDP 的增长具有乘数效应。长期以来，我国经济体制改革与对外开放进程相一致，外贸带来的不仅是外汇和收益，更多的是通过这种国际交流提高了开放国家的技术和管理水平。更充分的对外开放不仅带来经济的持续增长，也会带来经济和社会的稳定状态。重大风险危机首先会对外贸形成冲击，新冠肺炎疫情在全球范围内的蔓延，引发各国间贸易限制和禁航、禁运，直接破坏了国际自由贸易体系供应链的正常运行。居家隔离则带来需求的大幅度缩水，造成全球货物、服务贸易大幅度萎缩。由于对外市场影响、居民收入降低，也在很大程度上放大了贸易保护主义，对全球贸易需求侧造成了非对称冲击。②

在经济下行压力下的稳外贸，首先要从促进贸易便利化入手，减少企业的对外贸易交易成本，增加对企业的融资支持入手，同时也要和国内的经济结构调整整合，使稳外贸的一系列举措能够得到国内供给侧结构改革的呼应，积极减轻重大经济风险。在特定冲击情况下，

---

① 参见何德旭：《深刻认识稳金融 健全金融风险应对机制》，《财经界》2019 年第 4 期。

② 参见沈国兵：《新冠肺炎疫情全球蔓延对国际贸易的影响及纾解举措》，《人民论坛・学术前沿》2020 年第 7 期。

则要分析这种冲击形成的脆弱点、原因、背景和影响。在 2020 年新冠肺炎疫情影响下，要维护上下游产业链的完整性，保证进出口贸易，加强国际组织的作用，开拓新的国际贸易增长点，积极培育因疫情产生的新业态和新产业等针对性强的措施。

4. 稳外资

外资既是投资需求中最活跃的因素，也是经济增长和社会稳定的标志和基石。我国改革开放以来，通过系统性的吸引外资政策，推动了中国经济增长。外资的投入不仅仅在投资数量、企业生产等方面推动了中国经济增长，还通过引入先进技术和企业管理方式，促进了中国企业的转型升级。同时，大量中国工人、管理和技术人员，通过在中资、外资企业之间的频繁流动，全面提升了中国产业工人、管理人员、技术人员的劳动力素质和水平。近年来，随着世界经济的周期性增速调整，中美贸易摩擦、各国非关税壁垒等对外投资中遇到的问题变得日趋复杂。一些国家及地方政府也推出了外资回流的土地、税收、就业等方面的鼓励性政策，国际吸引投资的政策竞争加剧，稳定外资成为防范化解重大经济风险的重要一环。

“稳外资”是应对重大经济风险的重要途径，尤其在经济遭受体系内外特别重大突发事件的巨大冲击时，稳外资就显得尤为重要。在 2020 年的新冠肺炎疫情应对中，商务部出台了应对新冠肺炎疫情，做好稳外贸、稳外资、促消费工作的 20 条政策措施。面对重大突发事件，“稳外资”要尽最大努力帮助现有存量外资企业尽快全面复工复产，克服重大突发事件影响；还要采取一系列有效措施，防止全球供应链大范围和较长时间的中断，保障供应链的连接和运转；同时，还鼓励外资企业发展新业态，开发新产品；对有些企业要支持企业从外销变内销，维持企业的正常运行。① 通过稳定外商投资，增强外商投

① 参见卢进勇、杨荣静：《新形势下应加大稳外资力度》，《中国经济时报》2020 年 4 月 13 日。

资企业的生产经营信心，防止宏观经济的大起大落，也是当前防范化解重大经济风险的关键。

5. 稳投资

为应对2008年全球金融危机后的经济下行，我国先后启动了大量增加投资的政策，及时防止了经济衰退，促进了经济增长。在这一过程中，投资发挥了巨大作用，但也是形成“三期叠加”的重大经济风险局面的一个重要因素。为防范化解重大经济风险所实施的“稳投资”政策，不能简单等同于启动新一轮投资，而是立足于在补短板、强弱项的基础上，促进结构性投资合理化，改革投融资体制，推动房地产市场改革，促进良性预期的形成。

实行“稳投资”政策措施的短期目标是立足于“就业优先”，中长期的最终目标是推进经济高质量发展。同时，“稳投资”的政策措施是供给侧结构性改革，优化投资的空间布局结构，促进区域经济均衡协调发展等多项政策的有机组合。在“稳投资”的具体措施上，要着眼于投资资金管理制度的完善，包括按照《中华人民共和国预算法》和相关政策规定，改革地方债发行和监管体制，推动政府融资平台转型，实施推进政府项目资产证券化等。在项目管理上，要更注重经济效益、社会效益、环境效益及债务的可持续性。在投资领域上，结合国家公共安全领域改革政策，着重于重大自然灾害、重大环境治理、公共卫生基础领域中的薄弱环节，通过增加投入促进经济增长和风险防范。

6. 稳预期

预期是经济主体对未来的经济发展作出的判断。预期效应是指经济主体的行动不是简单地受包括国家在内的其他主体直接影响，而是受到综合判断各类信息后的合理心理预期影响。预期是经济主体投资和消费的心理基础，只有对经济增长有稳定、良好的预期，才会有进一步持续、稳定的投资、消费行动，也才会减少经济体系的脆弱性。有学者研究发现，2008年是经济预期的分界点，之前的经济政策不确定性对经济增速产生正向刺激作用，反映了经济主体的乐观预期；之后的经济政策不确定性对经济增速产生明显抑制作用，显示出经济主体对经济发展未来的审慎预期。[①]

“稳预期”是防控重大经济风险的根本方法论，“六稳”政策措施中，其对于就业、金融、外贸、外资、投资各方面的稳定，具有基础性和决定性的心理动机作用。“稳预期”包括稳定经济主体的政策、市场和社会三个方面的预期，各类预期之间是相互联系、相互促进、互为因果的。如果经济主体的政策预期不稳定，对市场的未来走势将是不确定的，进而社会稳定也会受到影响。“稳预期”在当今网络社会条件下，不能靠政府的信息优势出台一些出乎预料，缺乏共识的政策措施，从而影响市场主体预期的稳定性。只有通过提高政策透明度，尤其是财政税收政策透明度，增强公众对政策制定过程的参与，才会为经济发展注入确定性，最终稳定企业和消费者等市场主体的预期。[②]

---

① 参见郑忠华、李清彬：《从乐观预期到审慎预期：基于经济政策不确定性对中国经济冲击的视角》，《宏观经济研究》2020 年第 3 期。

② 参见邵磊、唐盟：《政府财政透明“稳预期”了吗?》，《财政研究》2019 年第 8 期。

第三章　经济体系的内生外生冲击

习近平总书记指出，当前我国经济运行面临的突出矛盾和问题，虽然有周期性、总量性因素，但根源是重大结构性失调，主要表现为三大失衡，即实体经济结构性供需失衡、金融和实体经济失衡、房地产和实体经济失衡等。[①] 我国几十年来经济发展过程中的重大风险危机事件及经济波动，既包括消费、供给侧等内生因素的影响，也包括灾害、事故、瘟疫等外生因素带来的冲击，还包括内生、外生因素综合带来的冲击。

一、内生因素带来的经济波动

我国自从改革开放以来，国民经济保持了 40 多年的高速增长，这是我国实现经济和社会发展各项目标的经济基础。其间先后经历了多次重大经济风险事件的冲击，包括内生因素导致的四次经济下行、四次经济过热。在几十年的高速增长过程中，也发生过多次重大经济风险甚至危机的威胁和挑战。

（一）经济保持长期增长

对一个经济体经济总量发展水平的衡量，一般以 GDP 及其增长率

① 参见中共中央党史和文献研究院编：《习近平关于总体国家安全观论述摘编》，中央文献出版社 2018 年版。

为标准。在 1985 年之前，中国大陆的国民经济核算体系采用的是苏联计划经济体制下形成的物质产品平衡表体系（MPS），以此作为衡量经济总量的重要标准。随着我国改革开放的顺利进行，以及以苏联为首的经济体系的解体，我国逐步采用市场经济条件下的核算体系。从 1985 年到 1992 年，逐步过渡到世界各国普遍采用的国民账户体系（SNA），以提高经济体系的国际可比性。从 2016 年开始，我国采用了新的国民经济核算国际标准——2008 年国民账户体系，这也是联合国等五大国际组织颁布的新标准。

按照这一体系标准计算，我国经济在 40 年间呈现了绝对数量增长直线上升的趋势。GDP 按不变价格计算，2017 年与 1978 年相比，增长了 33.5 倍，年平均增长率为 9.5%，平均每 8 年实现翻一番，远高于同期整个世界经济年平均 2.9%左右的增长速度，在全球各主要经济体中名列前茅。我国 GDP 迅速增长，1986 年达到了 10275.2 亿元，这也是历史上首次突破 1 万亿元大关。到了 1991 年翻了一番，达到 21781.5 亿元，到 1995 年实现 60793.7 亿元，到 2000 年首次达到 10 万亿元，再到 2019 年接近上百万亿元。2019 年，我国大陆的经济总量是 1978 年的 270 多倍，人民物质生活水平有了质的飞跃，如图 3－1 所示。

在经济总量快速增长的同时，我国人均 GDP 也在不断攀升，国际经济地位日益提高。近年来，我国已经快速由低收入国家，跨入了中等偏上收入国家行列。一个 14 亿人口的大国，在如此短的时期内，实现这一目标在人类历史上是罕见的。我国经济在世界经济份额中的比重、对世界经济增长的贡献率等指标，也得到了大幅度提升。2019 年，中国 GDP 折合 14.36 万亿美元，大约占到世界经济总量的 16%；按照 14 亿人口计算，我国人均国民生产总值 1.026 万美元，也是在历史上首次突破 1 万亿美元。2010 年以来，中国经济增长每年对世界经济的贡献率超过了 30%，日益成为世界经济增长的发动机、维护世界经济稳定的稳定器。

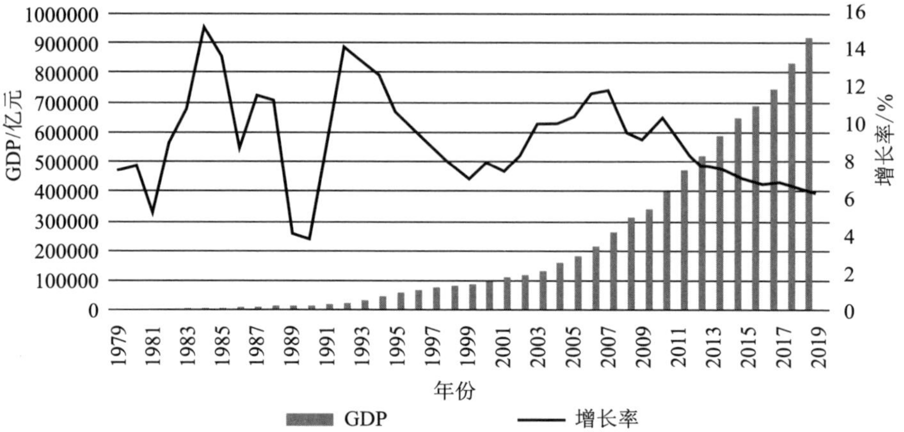

图 3-1 1979—2019 年我国 GDP 及其增长率

数据来源：国家统计局数据库。

我国改革开放 40 多年来，虽然基本处于成长型经济增长阶段，但也有过热、下滑等波动掺杂其中，有时因体系的脆弱性造成冲击，甚至遭受重大经济风险威胁。为了应对重大经济风险的潜在威胁，降低已经发生的危机冲击影响，我国提出了高质量发展，调整经济结构，实行供给侧结构性改革，实施环境治理进程等政策以应对这些波动和危机。推动高质量发展是遵循经济规律发展的必然要求，从 20 世纪 60 年代以来，全球 100 多个经济体中只有极少数进入发达国家行列，究其原因，成功跨越的国家都是在经历了高速增长阶段后，开始转向高质量发展阶段的，那些没有实现转型的国家，则出现徘徊或倒退。① 我国发展过程中的这些经济波动，对正常的经济体系形成了威胁，这种威胁作用于体系的脆弱性，带来了风险和危机问题。这些都表明我国经济增长质量有待提高，经济结构有待调整，非实体经济增长过快，

① 参见中共中央宣传部：《习近平新时代中国特色社会主义思想三十讲》，学习出版社 2018 年版。

核心技术和关键产业有待提升；收入分配结构不合理，区域、城乡、人群收入结构不合理，尤其是部分农村地区贫困化比较严重。从经济增长的外部要素看，环境代价过大，长期以来的一些政策执行结果有待反思，我国经济发展面临严峻的风险挑战。

这一系列重大经济风险的挑战，本身也是这种经济增长的一部分，并成为划分我国经济增长阶段性的标志。从经济创新角度，有些危机恰恰是危险和机遇并存，熊彼特就分析了创新的实质，阐发了基于内生因素的“创造性破坏”概念，即创新不断地从内部破坏旧的，代之以新的经济结构。而非一般均衡中的经济变迁职能来自经济体系外的战争、灾害等因素。[①] 这些风险危机的挑战既有经济过热带来的通胀压力，也有经济下行带来的紧缩压力，而且往往是过热与下行、通胀与紧缩的风险相伴而生。在我国经济发展最近经历的四次经济下行中，前两次主要通过主动采取、实施紧缩性政策措施，应对前期经济过热带来的负面影响因素；后两次则更多的是对外部冲击进行被动响应。2013 年以后，则包含了在应对危机影响的同时，通过实施结构调整和制度性变革，谋求更长期、稳定发展的内涵。

（二）几次明显的经济过热

我国在改革开放以来的经济过热，先后经历了 1986—1988 年、1993—1994 年和 2007—2008 年三次通货膨胀[②]，如图 3 - 2 所示。几次的通货膨胀压力，都给中国经济和社会生活带来了巨大冲击。我国政府先后采取一系列治理通货膨胀的政策举措，及时治理了通货膨胀现象。

---

① 参见刘志铭、郭惠武：《创新、创造性破坏与内生经济变迁——熊彼特主义经济理论的发展》，《财经研究》2008 年第 2 期。

② 参见中国人民银行调查统计司课题组、王毅、叶欢：《改革开放以来高通胀的比较分析》，《中国金融》2011 年第 7 期。

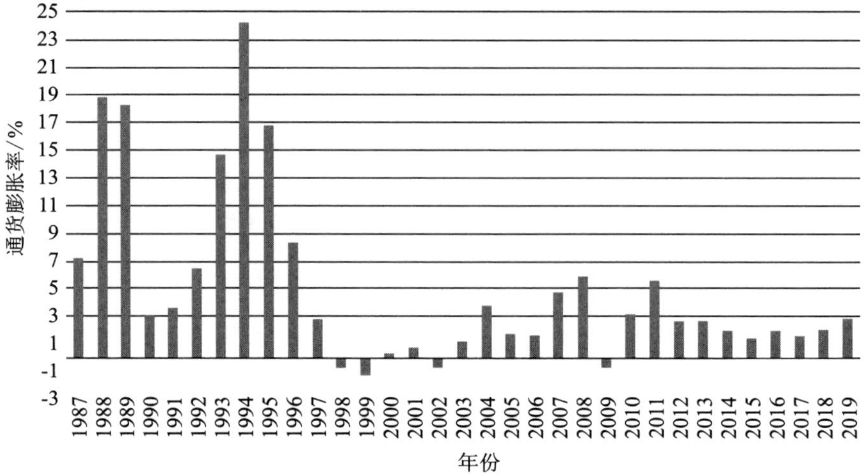

图 3－2　1987—2019 年我国通货膨胀率

数据来源：根据国家统计局数据库有关数据计算。

1. 1986—1988 年的通货膨胀

当时的通货膨胀现象是从 1986 年下半年开始的，到了 1987 年变得比较明显，物价比上年上升了 8.8%。部分大城市甚至达到了 10%；到了 1988 年，物价上涨更为明显，比上年上升了 18.5%，城镇更是达到了 21.3%。① 消费物价的大幅度上升，超出了居民、企业和国家财政的承受能力，影响了人们对于改革开放政策的信心，更是对当时的社会稳定状况产生了巨大影响。

当时产生通货膨胀的主要内在原因是经济过热，尤其是投资需求、消费需求超出了社会总供给能力。从投资需求上看，当时正处在经济快速增长时期，全国筹建、在建项目数量多、规模大、领域广，短期内的资金投入过多。同时，全国居民消费需求旺盛，社会购买力的增长速度超出了商品供应量的增长能力。从公共需求上看，国家财政支

① 参见国家统计局：《1988 年国民经济和社会发展统计公报》，《中国统计》1989 年第 3 期。

出大于财政收入，信贷规模巨大，货币发行增加。几个方面的需求快速增长，带来了投资过热的后果，加上当时经济结构、产业结构失调，农业发展滞后，大量资金投入低端加工业和非生产性行业。有些人凭借权力和信息优势，利用价格双轨制从事非法转手倒买倒卖，平地加价出售，甚至倒卖批文，助推了生产消费领域的物价上涨，加剧了全国通货膨胀的局势。在上述内在趋势的基础上，此次通货膨胀的出现与城乡居民通货膨胀的预期有关。1987 年出现价格大幅度上涨后，1988 年又出现了“价格闯关”的讨论和宣传，使价格进一步上涨，对预期又没有进一步引导，使价格进一步上涨。①

针对全国范围内通货膨胀的严重情况，1988 年 9 月，党的十三届三中全会上提出了治理环境、整顿秩序、全面深化改革的指导方针和具体政策措施。1989 年 11 月，中央政治局通过了决定，进一步实施经济治理整顿和深化改革。② 治理经济环境方面，主要是压缩总需求，抑制通货膨胀，包括 1989 年固定资产投资规模压缩 20%，压缩社会集团购买力；稳定金融控制货币发行，开展保值储蓄，稳定居民预期；通过出售直管公房、向社会发行股票、发行公债券等措施，多渠道吸收社会游资等，通过这些紧缩性政策措施，将经济增长速度降到 10% 以下。治理经济秩序方面，刹住乱涨价行为，重点治理整顿流通领域的公司企业，坚决惩治“官倒”；确定重要农产品的流通秩序，制止粮棉生丝产品大战；加强监督，减少对企业摊派。全面深化改革方面，继续完善和发展工商企业承包经营责任制；深化计划投资体制改革，进一步强化宏观调控职能；严格控制货币发行和信贷投放总规模；调整中央和地方财政关系，提高上交中央比重；改革分配关系，改革物资管理体制等方面的政策措施。

---

① 参见杨圣明：《价格双轨制的历史地位与命运》，《经济研究》1991 年第 4 期。

② 参见国务院有关部委：《中共中央关于进一步治理整顿和深化改革的决定》（摘要），《企业管理》1990 第 3 期。

2. 1993—1994 年的严重通货膨胀

我国 1993 年的经济增长率为 11.8%，基本属于正常年份，同时就业、国际收支外汇储备等各项宏观经济指标良好，但是消费物价指数（CPI）却高达 124.1%。① 1993 年，经济领域中已经出现了通货膨胀的迹象，全年的消费物价指数达到了 114.7%，到了 1994 年物价上涨速度是改革开放以来最快的年份，个别月份接近了 128%，全年的消费物价指数甚至超过了 1988 年，如图 3－3 所示。但与以往不同的是，此次主要物资的销售价格却有所下降，这与以往同步上涨的状况大相径庭。此次价格上涨结构有一定的特点，食品类价格上涨幅度最高，其中粮食价格一马当先，其次是与居民生活消费密切相关的肉、禽、蛋、蔬菜等产品的价格上涨。

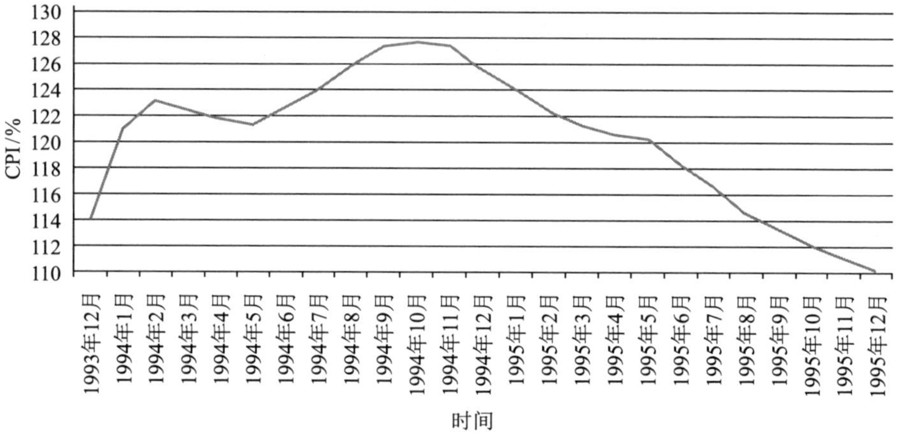

图 3－3　1993 年 12 月至 1995 年 12 月我国 CPI 变动情况

数据来源：根据国家统计局各年度的数据计算。

分析此次通货膨胀的原因，主要是由食品类价格上升推动的，尤其是当年进行了几次大的粮食价格政策调整，属于在粮食价格改革中的一种必然现象。由于粮食产业的基础性、前端性，带动了其他商品

① 参见戴根有：《1994 年通货膨胀特点及原因分析》，《财贸经济》1995 年第 6 期。

的价格调整。之所以进行这种价格的调整，也是由于之前多年工业领域的改革，导致工农业产品的“剪刀差”越来越大，大量的农民进城对市场上的粮食需求增加，价格调整已经成为必然。[①] 从技术原因上看，当时我国物价指数计算的权重中，食品类占比较大，因此物价指数的指标变动比较明显。食品类消费品与普通公众的生活密切相关，稍有变动就会对社会心理产生较大触动。1994 年的汇率并轨改革以人民币的贬值为代价，也在一定程度上助推了价格上升。

针对当时经济过热导致的经济失衡现象，党中央、国务院于 1993 年 6 月出台政策，以消除经济过热、治理通货膨胀、整顿金融秩序等举措作为治理整顿的突破口。政策措施的重点是加强金融秩序的治理，坚决查处“乱集资、乱拆借、乱提利率”等行为，并确定保重点工程、保国有企业、保农业生产的三个保障重点，防止过多资金流出；并继续开办保值储蓄、提高存款利率，以稳定居民的预期，有利于资金回笼，改变基础货币投放过多的问题。

3. 2007—2008 年的通货膨胀

2007 年 1—3 月，我国经济开始出现过热迹象，消费价格指数的涨幅从 2006 年的 1.5％快速上涨到 2007 年的 4.8％，有的月份物价涨幅甚至接近 7％。2008 年的物价涨幅则平均达到 5％以上，明显高出前后的年份，如图 3－4 所示。

分析背后的原因发现，2007—2008 年我国正处在国内外经济由高位到逐渐下行的前期，此时开始出现的通货膨胀现象，主要是前期经济发展的后果。我国国内经济增长率在 2007 年第一季度就曾一路攀升到了 14％，而且连续 5 个季度的增长率都在 10％以上运行，股市和房价等价格大幅度进入上升通道。在经济增长、流动性增加的大背景下，加上 20 世纪 90 年代股票市场的发展，1998 年以来住房商品化改革，

① 参见钱煜昊、曹宝明、武舜臣：《中国粮食购销体制演变历程分析（1949—2019）——基于制度变迁中的主体权责转移视角》，《中国农村观察》2019 年第 4 期。

使股票与房地产价格上升带来的财富效应显著。此次上涨与1993—1994年上涨的相同之处在于，食品价格上涨扮演了重要角色，食品价格的背后也是由农产品生产成本加大，市场价格上涨所带动的。不同之处在于，此次加上了流动性过剩的因素。由于前期在2001年发达国家治理互联网泡沫后，各国政府就不断向市场注入流动性，造成了全球经济体系中的流动性过剩。同时，2001年11月中国正式加入世界贸易组织（以下简称“世贸组织”），中国经济和世界经济的联系性进一步增强。1994—2012年我国实行强制结售汇制度，此间的经常性项目、资本项目等顺差增长很快，国家也需要注入大量基础货币，这样也在很大程度上带来了流动性过剩。上述经济发展局面，在短期能够推动房地产市场和股票市场，长期则推动消费市场价格上升。2008年奥运会的举办，以及围绕筹办奥运会带来的投资的大量增加，也是推动经济上调的一个重要因素。

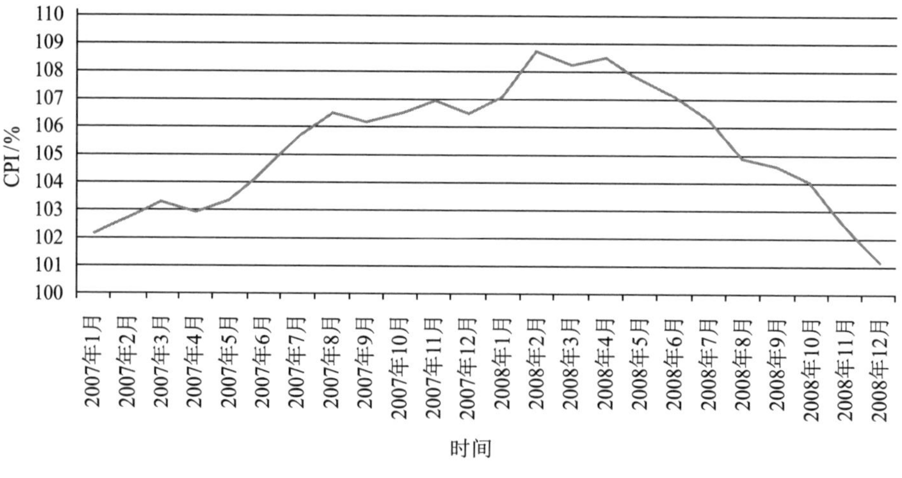

图3-4 2007年1月至2008年12月我国CPI变动情况

数据来源：根据国家统计局各年度的数据计算。

为了应对这一局面，货币政策逐步由“稳健”的货币政策，改为实施“从紧”的货币政策，开始紧缩货币市场，减少流动性。央行先后6次调高金融机构人民币贷款的基准利率，并实施一系列紧缩政策，以及改变公众预期的举措。正是在这一紧缩政策实施过程中，美国次贷危机于不久以后爆发，并开始拖累世界经济逐步进入了下行通道，这次通货膨胀带来的影响很快被消除，紧缩性政策也很快被积极的财政政策代替。

（三）四次经济下行过程

从改革开放以来40多年的经济增长轨迹可以看出，我国经济总量总体呈现了向上增长的趋势。受到内外部环境的影响，经济运行有几次较大的、明显的起伏波动状况，小波动出现次数更加频繁。除了上面所说的过热外，我国经济发展也曾多次出现下行局面，比较明显的向下波动的经济下滑主要有四次。这些经济增长的下滑，有的是主动的政策选择，有的则是来自外部的被动冲击，尤其是随着我国对内改革、对外开放的不断深入，全球经济一体化步伐的加快，这种外部冲击带来的经济下行更为常见。①

1. 1979—1981年的经济下行

这次经济下滑与前期应对经济过热主动采取的紧缩政策有关。在1976年粉碎“四人帮”后，党和国家的工作重心全面转移到了经济工作上，各行业、各领域的投资热情高涨。随着政府加大投资力度、提高职工收入、扩张居民消费等各项推动经济发展政策的出台，全国长期受到压抑的投资、消费热情高涨，带来了一定程度上的经济过热，导致了投资消费比例失调。为治理前期投资过热，1979年4月，党中央制定了“调整、改革、整顿、提高”的治理方针，并采取了减少财政赤字、治理货币超发等一系列紧缩政策。② 这些措施的实施，既带

① 参见江宇：《改革开放以来三次经济下行的成因及治理》，《中国经济时报》2015年9月16日。

② 参见谢渡扬：《近四年的路子是怎么走过来的？——对“调整、改革、整顿、提高”方针的提出和贯彻情况的简要回顾》，《宏观经济研究》1983年33期。

来了经济在一定程度上的下滑，也开启了中国宏观调控历史上的“一管就死，一放就乱”的治乱循环过程。① 从1979年到1981年，我国经济增长率从1978年的11.7%，一路下滑到了1981年的5.2%，如图3-5所示。

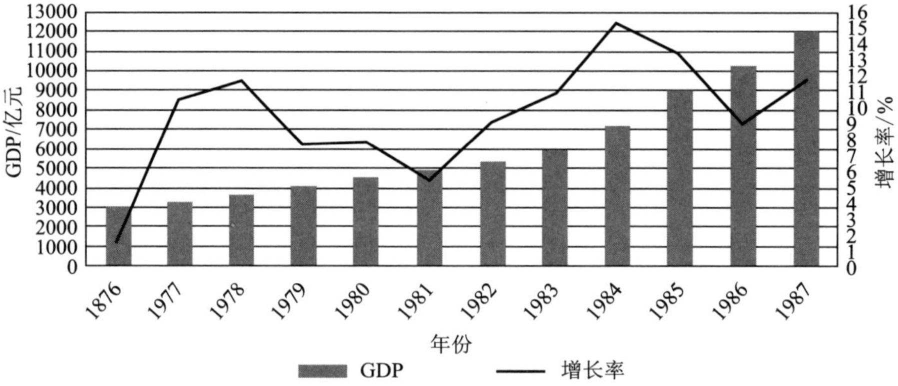

图3-5　1976—1987年我国GDP及其增长率

数据来源：根据国家统计局各年度的数据计算。

这次经济下行在较短的时间内，很快就获得了恢复。主要是经济体系内部的各方面比例关系开始协调，治理经济过热采取的紧缩政策逐步释放完毕。新中国成立后长期实行的高积累、低消费政策，随着改革开放的进程已进行调整，超水平积累也为消费的反弹打下了基础。在分配制度改革、提高工资标准、引入商品经济观念等方面，为消费的增长埋下了伏笔。

2. 1987—1990年的经济下行

与上一个经济下行相类似，这个时期发生的经济下行也与之前实施的治理经济过热所采取的紧缩政策有关，也是人为政策调整的原因。前期的投资、货币超发带来的双过热，加上经济领域中的价格双轨制，

① 参见高鸿业：《为什么在我国原有经济体制下“一放就乱”?》，《宏观经济管理》1986年第9期。

带来了重大经济风险，尤其是这个历史时期实行的价格双轨制，有其存在的历史和现实合理性，但是也确实破坏了正常的经济秩序，并为有时代特色的“官倒”等问题的产生提供了土壤。“官倒”等腐败现象使经济领域的矛盾向社会领域蔓延，增加了重大经济风险治理的复杂性。这种多领域问题交织的复杂性，甚至蔓延到经济系统外，带来了政治领域的重大风险，反过来又给经济发展带来一定的负面影响。我国的经济增长速度从 1987 年的 11.6%和 1988 年的 11.3%，迅速下降到了 1989 年的 4.1%，到 1990 年又继续下降到了 3.8%，到了 1991 年才开始恢复到了 9.2%，如图 3－6 所示。从经济增长的内生因素上看，经济下滑主要是由紧缩社会总需求的操作力度过大带来的。

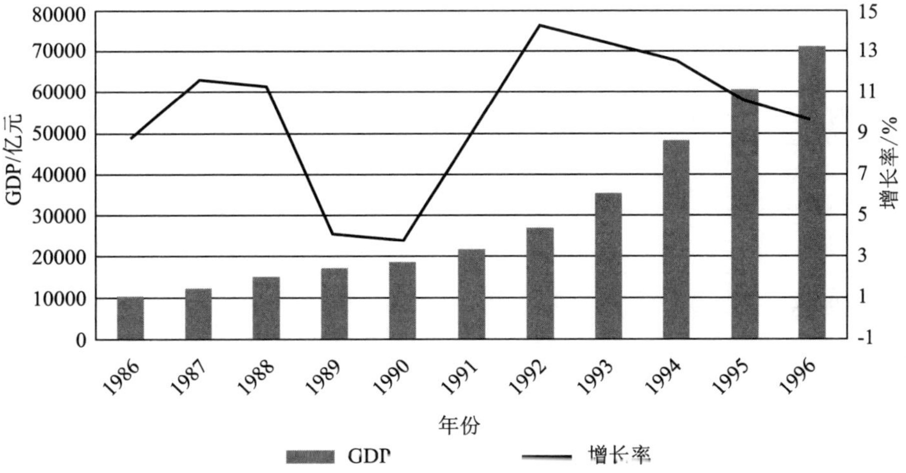

图 3－6　1986—1996 年我国 GDP 及其增长率

数据来源：根据国家统计局各年度的数据计算。

为了应对经济下滑产生的一系列问题，党中央、国务院从 1990 年开始采取了一系列促进经济增长的政策措施。一是调整经济紧缩力度。尤其是适当放松投资需求的紧缩力度，对冲经济下行的惯性，各领域、各行业的投资开始出现缓慢增长。二是加大主动投入力度。1989 年 10 月至 1991 年 10 月，我国进行了新中国成立 40 多年来第三次经济结构大调整。[①] 重点加强农业和基础产业建设，发挥基础性行业的辐射带动作用，包括推动建筑业、房地产业的发展，带动了各行业新一轮增长。三是整顿流通秩序，清理大量存在的“皮包公司”，减少层层加价的潜在土壤。四是稳定公众预期，恢复国内外对改革开放的信心。通过这些措施，很快就扭转了下滑局面，自 1991 年起就实现了稳定上升。

3. 1997—1999 年的经济下行

1996—1999 年，我国经济增长速度从 10.0％下降到 7.1％，这是从 1992 年 14.2％的高增长后，开始出现下降态势的延续。按照当时的理论和实践领域的认识，1997 年之前尽管有所下调，但基本上保持了 8％以上的经济增长率，还不能算是真正的经济下滑[②]，如图 3－7 所示。1997 年后开始低于 8％的经济增长率，有亚洲金融危机的影响，

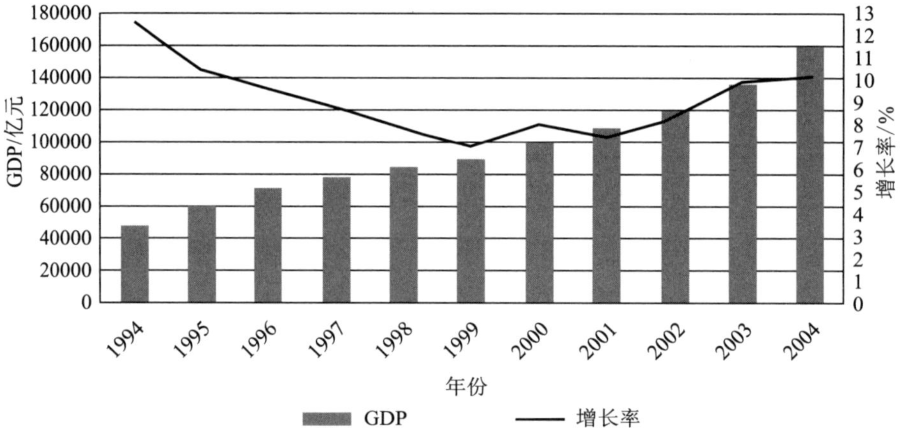

图 3－7　1994—2004 年我国 GDP 及其增长率

数据来源：根据国家统计局各年度的数据计算。

① 参见陈东琪：《我国经济发展新阶段的结构调整》，《中国工业经济研究》1992 年第 4 期。

② 经济增长速度保持在 8％左右，是我国应对 2008 年金融危机，为保证经济发展，保证充分就业提出的宏观经济目标，是在《2008 年政府工作报告》上首次提出的。当时的经济理论界也把这个标准视为经济增长率是否达到预期的重要指标。

并显示了输入性经济危机的一些特征。这次经济下行也是新中国成立以来第一次典型的市场经济条件下周期性的生产过剩危机的特征，一直持续到 2003 年才恢复到 10%的经济增长率。

为了应对这次经济下行，我国采用了扩张性政策措施化解体制内结构性矛盾，住房制度改革、国有企业改革、医疗改革等，都是从这个时期正式启动的。从供给侧角度，通过积极推进市场化改革，扩张了市场作用范围；通过深化国企、教育、劳动、住房、医疗等领域的改革，纳入市场要素，吸收市场上过剩的产能和游资。1995 年，党中央提出国企改革要转变增长方式，实行“抓大放小”战略，各地也采取了改组、兼并、联合、租赁、承包经营、股份、合作和出售等多种形式，将大批小企业开始推向企业资本市场。1998 年改革福利住房制度，实行住房商品化改革，2003 年提出房地产业的支柱产业地位，后续的房地产业加上其带动作用辐射的上下游产业，对中国经济增长做出了巨大贡献。

总需求侧，这个时期实施了积极的财政政策，扩大公共预算支出为很多项改革奠定了基础。这个时期后的 2001 年，党中央在部分省市开始试点农村税费改革，减轻农民负担，规范涉农收费，后来又深入推进了农村综合改革。这个时期在对内加大改革力度的同时，对外加快了开放步伐，尤其启动了“入世”的各项准备工作，也为经济恢复增长提供了新的动力。作为加大对外开放的一个重要标志性事件，2001 年底我国正式加入世贸组织。从此，中国经济开始全面融入世界经济一体化、全球化的进程，开始利用世贸组织的机制，积极扩大商品出口贸易，增加净出口需求扩张经济。

4. 2008 年以来的经济下行

从 2008 年开始的经济下行的影响是深远的，至今仍然是经济领域包括其他领域中很多问题的总根源。此次经济增长速度下行，虽然受到了国内经济结构调整等内在因素影响，但下行过程也受到因 2007 年美国次贷危机波及导致的 2008 年 9 月世界金融危机的冲击，增加了此次危机的复杂性。到了 2008 年，我国经历了改革开放 30 年，2001 年加入世贸组织后，我国对外开放的程度更是走入新阶段，经济发展日益融入了全球进程，使此次经济增长速度下行的复杂性前所未有。增长速度从 2007 年的 11.9%，下滑到了 2008 年的 9.6%和 2009 年的 9.4%，如图 3－8 所示。

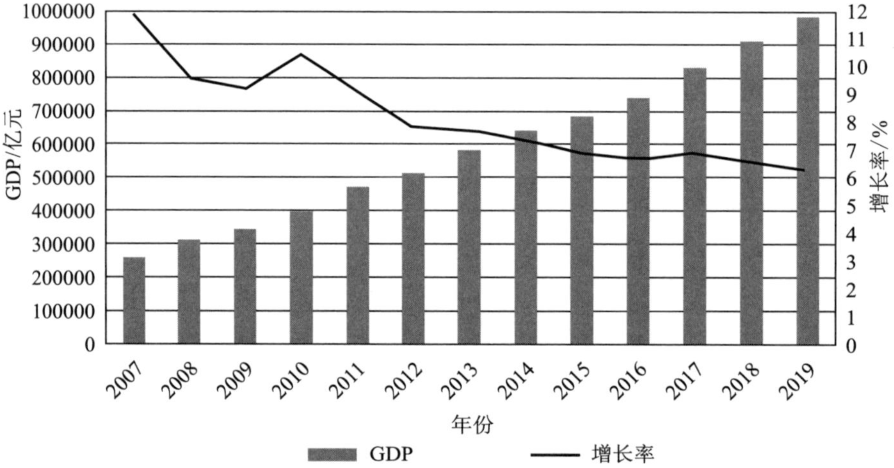

图 3－8　2007—2019 年我国 GDP 及其增长率

数据来源：根据国家统计局各年度的数据计算。

在 2008 年全球 GDP 前 20 位的国家中，我国的经济增长速度依然是最高的，比最低的日本－1.09%，要高 10.7 个百分点，如图 3－9 所示。但是，相对于我国自身的发展趋势来看，经济增长率下行态势并未得到缓解，而且呈现逐年下降的趋势。投资、消费、净出口三项主要宏观经济指标，也呈现下滑趋势。

在 2009—2010 年，我国为应对此次危机推出了积极的财政政策和适度宽松的货币政策，制定了 4 万亿元的经济刺激计划。但是这些扩张性的政策，也造成了居高不下的高杠杆率，随着经济失衡的出现，我国自 2016 年起，宏观政策开始了去杠杆和减少影子银行的活动，虽然杠杆率下降，影子银行开始减少，但是也带来了其他方面的问题，包括信用紧缩、流动性减少、泡沫减少，应该在去杠杆和经济增长之间保持平衡。①

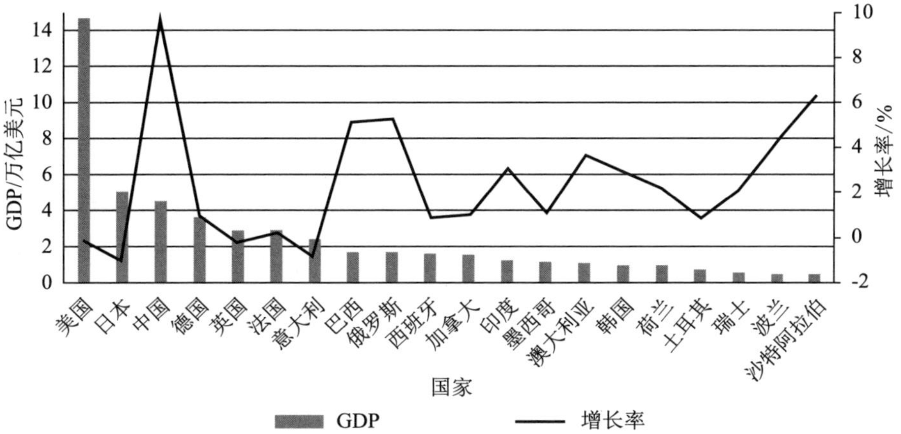

图 3-9 2008 年 GDP 全球前 20 位国家的经济总值和增长率

数据来源：快易数据 https：//www.kylc.com/stats.

二、外生因素造成的经济冲击

改革开放以来的经济过热和经济下行，多数危机都是由经济系统内生因素所带来的。当然，其中也有政策等外生因素带来的，尤其是早期的“一管就死，一放就乱”的政策性因素作用更为明显。在我国经济发展过程中，也受到了经济体系外生因素的巨大冲击，其中最常见的是灾害突发事件等方面的影响。例如，2003 年非典型肺炎疫情、2008 年汶川地震和 2020 年新冠肺炎疫情危机等事件，都属于经济系统的外生因素。

① 参见熊婉婷、崔晓敏：《全球金融危机十周年：教训与挑战——中国社会科学论坛学术研讨会观点综述》，《国际经济评论》2019 年第 2 期。

（一）两类外生因素影响

灾害危机事件作为外生因素，基于影响作用的范围、对象和方式不同，对整个经济体系的冲击存在差异。汶川地震等区域性、短暂性事件，一般不会形成系统性风险和危机。从短期看，地震对我国宏观经济的投资、消费、出口三项指标，形成了一定程度的冲击，对震区的物价、就业也产生较大的影响，地震波及地区的某些产业受到一定损害。① 但从长期看，地震等自然灾害类事件，对全国经济宏观运行的影响很小，一般也不会形成经济系统意义上的重大风险事件。不仅如此，灾后重建投资支出增加，加大救灾援助力度将带来投资、消费等支出增长，将会在一定程度上推动经济发展。

但是，经济体系某些外生因素的冲击，同样具有系统性、全面性的影响，如政治和社会安全类事件、公共卫生尤其是传染病疫情等事件，容易对经济增长构成更广泛、更全面的冲击。近 20 年来发生的非典型肺炎、中东呼吸综合征、甲型 H1N1 流感和 2020 年的新冠肺炎疫情事件，都在超越一个国家或区域的影响范围内发生，潜在威胁每个个体，持续时间较长，影响生产持续性，波及经济领域的消费、投资、进出口等各个方面。

（二）非典型肺炎疫情对经济的影响

非典型肺炎疫情发生在 2002—2003 年，从 2002 年 12 月 10 日在广东省发现首例报告病例，到 2003 年初开始向全国其他地区扩散。在一系列应对措施的作用下，2003 年 6 月中旬非典型肺炎疫情消退。非典型肺炎疫情共经历了 7 个多月的时间，在 2003 年 4—5 月，非典型肺炎疫情达到了高峰。截至 2003 年 8 月 16 日，中国卫生部最后一次

① 参见东北财经大学经济与社会发展研究院课题组、宋旭光、庞明川、王晓玲：《汶川地震灾害对中国经济影响的分析与评价》，《经济研究参考》2008 年第 39 期。

公布每日疫情，内地累计报告非典型肺炎确诊病例 5327 例，治愈数量 4959 例，死亡数量 349 例。在疫情过程中，政府采取居家隔离，减少大规模聚集，停工停学等管制措施，有些地方在初期甚至采取了阻断交通等极端措施，但随即被纠正。

从经济体系影响的角度看，疫情中各项措施的实施虽然使中国经济发展按下了暂停键，但是基本的经济体系的联系、运行规则等方面并没有发生大的变化。在疫情消退后，中国经济受大规模投资、消费、净出口需求拉动影响，开始了企稳反弹，下半年保持了投资增长趋势。2003 年 GDP 的同比增速，与 2002 年相比甚至还上升了 0.9 个百分点，达到了 10％的增长速度。

国内的固定资产投资增速虽在上半年有所下降，但随着疫情结束开始了强劲的反弹增长。这一方面是政府为应对疫情冲击，加大投资力度以弥补消费需求的下降，另一方面是因疫情压抑的社会投资开始恢复增长。在非典疫情上升到高峰期的短暂时间里，我国国内消费品零售额增长速度虽然出现较为明显的下滑，但也只是消费需求暂时压抑的特征。

在疫情开始减轻后，消费需求开始快速回调，甚至带动了消费品零售额的反弹式增长。在疫情中，我国净出口环比增速出现一定下滑，但主要受历年季节性因素影响，非典疫情对净出口的冲击相对于消费来看更为缓和。

国内的工业企业生产经营受部分企业停工减产的影响有所下降，但总的来看受疫情影响较小，影响的地域范围也有限，主要集中在北京和广东等重灾地区，影响面有限，工业增加值变动不明显。

非典型肺炎疫情初期，物价水平有一定的上升，主要是受到部分商品的恐慌性抢购以及暂时的物流困难阻碍带来的部分商品结构性短缺的影响。随着疫情整体得到控制，交通物流阻碍消除，人们恐慌性抢购心理减弱，消费物价水平回落。但是，后来随着经济的全面恢复，总需求不断攀升，又开始加速推动物价水平的新一轮上扬，如图 3－10 所示。

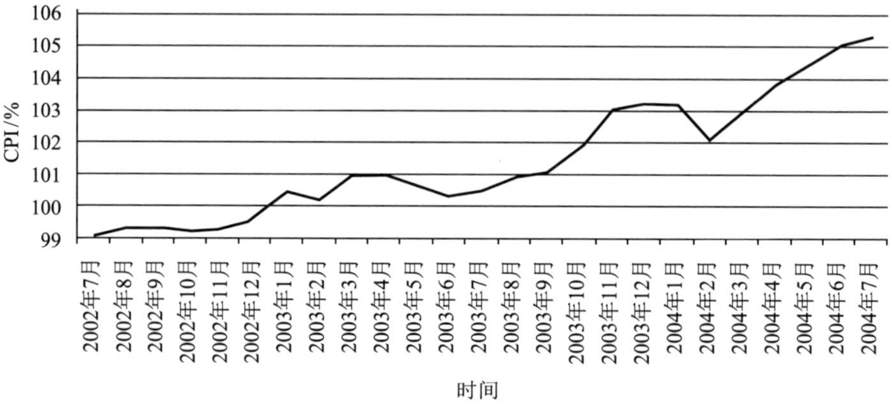

图 3－10　2002 年 7 月至 2004 年 7 月我国 CPI 变动情况

数据来源：根据国家统计局各年度的数据计算。

自 20 世纪 80 年代后期的经济全球化以来，所遭受的外生变量的重大危机冲击都是短暂的、局部的和非系统性的，即便是更加全面、系统的冲击，对经济体系本身也没有构成巨大的影响。这主要还是因为这些冲击并没有使经济联系、经济体系本身发生巨大的改变，而只是暂时的抑制作用。但是 2020 年发生的新冠肺炎疫情，则显示了不同的特征。

（三）新冠肺炎疫情对经济的影响

2020 年的新冠肺炎疫情与发生在 2003 年的非典型肺炎疫情在规模、广度、影响深度上有着巨大不同。截至 2020 年 4 月 27 日，新冠肺炎全球累计确诊病例已超过 300 万例，累计死亡逾 20 万例，且仍在蔓延。新冠肺炎确诊数量从 1 万到 10 万持续了 14 天，从 10 万到 20 万持续了 5 天，而从 20 万到 30 万仅持续了 3 天，从 30 万到 50 万用了 4 天，从 50 万到 100 万仅仅用了 9 天时间，呈现一种加速增长的态势。其中，4 月 11 日、24 日、26 日的三天，每天增加的确诊数量均超过 10 万人。

2020 年新冠肺炎疫情对人类社会是前所未有的挑战。2008 年的全球性、系统性金融危机产生的后果和影响与 2020 年新冠肺炎疫情的影响不是一个重量等级。此次疫情与非典型肺炎疫情肆虐的 2003 年所处环境也大不相同，2003 年的中国经济正处于正常上升阶段，既没有处在经济过热，也没有遭遇经济下行。当前中国经济则处在“三期叠加”的关键时期，风险点、风险源增多，经济多年下行，再加上积极推进结构调整、扶贫攻坚、治理环境污染，所处环境更加复杂。新冠疫情肺炎的冲击给我国经济体系带来了短期、中期、长期的影响，各个阶段会有不同的影响特征。党中央在 2018 年“六稳”政策的基础上，出台了“六保”政策指导方针，就是充分考虑了短期冲击、中期波动和长期影响的战略选择。

1. 一年左右的短期经济冲击

从一年左右的短期来看，新冠肺炎疫情冲击对具体行业、企业的冲击严重。互联网加上全球化，在短期内就使病毒在全球广泛传播，公众恐慌心理、投资者看跌预期也在全球内迅速蔓延。危机短期冲击的广度、深度、烈度都是以往任何时期的危机难以比拟的，对某些行业和企业的打击更是致命性的，这些行业、企业主要集中在餐饮、旅游、酒店、交通等领域。企业破产本身不会带来经济系统性问题，甚至部分企业的破产并不一定带来长期经济增长的下降。经济平稳发展时期也有企业的撤并重组，企业破产后的资源依然存在，破产带来的空白后期也会马上有新设立企业或原有企业的扩张填补。但是我们的关注点不仅仅停留在直接损失上，更应当关注企业信用风险大面积爆发的风险。因为国内消费需求短期内恢复乏力，加上欧美国家普遍推出的量化宽松政策带来的金融稳定压力，部分实体经济可能将生存压力通过债务违约传导至银行体系，系统性金融风险将大量增加。

2. 经济应急的“六保”政策

为应对新冠肺炎疫情带来的剧烈冲击，在疫情趋于平稳的时刻，中共中央政治局于2020年4月17日召开会议，根据形势首次强调“保居民就业、保基本民生、保市场主体、保粮食能源安全、保产业链供应链稳定、保基层运转”的“六保”工作。这是继2018年提出中长期的“六稳”政策后，为应对当前疫情风险的冲击，提出的应急经济政策。

一是“保居民就业”。与居“六稳”政策首位的“稳就业”是一致的，但不同的是受到疫情冲击后的我国就业状况更加严峻，尤其是在某些行业面临难以持续经营的压力，在岗人员也面临着收入大幅度下降，新吸纳就业更是无从谈起的形势下，强调“稳就业”具有更大紧迫性。

二是“保基本民生”。新冠肺炎疫情给经济带来巨大冲击，尤其是给与基本生活密切相关的“米袋子”“菜篮子”及困难群众的基本生活需求、弱势群体的基本照料等基本生活层次的民生需求带来了巨大的冲击，这与“六稳”政策中所面临的稳定发展的诉求不同。“保基本民生”是对以人民为中心的执政理念的反映，同时也是防止公共卫生风险通过经济危机向社会风险甚至政治风险蔓延的重要举措。

三是“保市场主体”。市场主体既包括市场供给方，也包括市场需求方，尤其作为供给侧主体的供给方。通过优化营商环境，增强市场主体活力，最主要的是保障产供销链条的完整，使供给方市场主体能够继续生存，为未来的经济纳入正轨打下坚实基础。从宏观政策上，继续推进供给侧结构性改革，积极推动消费需求增长，是疫情后重启经济的双重迫切任务。

四是“保粮食能源安全”。能源维系产业生存、粮食维系人的生存，两者一直是防控重大经济风险中重点保障的经济安全领域。我国粮食消费虽然实现了基本自给，粮食储备也基本能够应对重大灾害和危机事件的冲击，但是也要对多灾种、多危机联合冲击的后果有充分准备。我国原油能源的对外依赖度较高，国际石油供给领域受疫情影响，加上相关能源大国纷争，国际原油市场价格剧烈波动，必须从完善储备、改进结构、抓紧勘探等方面加大力度、未雨绸缪。

五是“保产业链供应链稳定”。我国应对新冠肺炎疫情的经济基础在于，中国有世界上最完整的产业链和最具韧性的供应链，但是在疫情防控中也暴露了一些短板和弱项，产业链、供应链的供应能力也受到了巨大冲击。有些短板和弱项急需修复，有些暴露的短板则需要及时修补，为进一步恢复经济奠定基础。

六是“保基层运转”。在抗击疫情斗争中，基层工作人员尤其是社区工作者付出了巨大的努力，人员补助、设备购置、设施建造、物资购买等方面的支出大增。但与此同时，受到疫情影响，普遍开工不足、企业经营困难，各级财政收入大幅度下降。一增一降之间，教育、医疗、卫生、城市公用事业等各方面公共服务受到很大影响，在疫情告一段落时，更需要基层有效运转，为复工复产复学提供基本的保障。

3. 五年左右的中期经济波动

从五年左右的中期来看，应当重点关注疫情冲击造成的产业链断裂风险。需要评估产业链的损害程度，必须加紧修复产业链，维护经济主体的生命力，防止这种冲击的损害效果长期化，达到破坏长期基本经济联系的后果。但是，中国的经济显示了强大的韧性，这些断裂的产业链很快会找到新的替代品，会带来新的机遇。暂时兴起的短暂繁荣行业，部分将随着疫情的消退而退潮；部分也会因为市场冲击与消费者的消费模式产生合意，得以继续保留，甚至创造出新的业态。疫情会带来新的商业模式的产生，科技应用的深化，新的业态的深入发展。此次新冠肺炎疫情，让人们依稀看到了产业格局的变动趋势，从在线教育到远程医疗，从居家办公到网络娱乐，从网上购物到数字消费，各个年龄阶段的人群都在这段危机时期被强制接受网络时代技术创新的红利。

4. 十年以上的长期经济影响

从十年以上的长期来看，疫情带来的政策调整趋势是最应当引起关注的。中国经济自 2008 年金融危机以来，一直在承受经济增长持续减缓的压力，面临整体经济结构不合理、杠杆率高企、金融实体经济脱离、房地产市场价格过高等问题的困扰。新冠肺炎疫情在加剧经济下行压力的同时，也暴露了经济体系的短板和弱项。疫情的全球性暴发，短期带来了订单的减少，中期可能需更多关注产业链条的冲击，长期则可能带来国际上外部政策环境恶化和根本改变。尤其是一般发达国家在重大事件后会针对事件暴露的问题有一系列的评估分析报告，预计其中的重点就是对其产业政策、贸易政策，甚至国际经济规则等方面进行分析，预计会对上述方面的政策进行比较大的调整。这样我们从事国际贸易和经济交流将会有更多的变数，对此应该未雨绸缪地做好充分准备。

20 世纪下半叶以来，欧美一些发达国家实行去工业化和产业链的向外转移，在全球范围内重组生产能力。但是 2008 年以来，逐步发现产业空心化、失业率上升等经济和社会弊端，开始实施再工业化政策，鼓励企业投资回流。如果说发达国家再工业化只是其对就业等社会政策和产业经济安全等国家安全政策的考量，那么新冠肺炎疫情带来的防护用品、救治物品等生物安全产品短缺，将会使这些国家很快意识到实施全产业链建设的重要性，再工业化的进一步发展就是在此基础上的全产业链政策。这从长期来看，将是在发展中可能遇到的突出矛盾和问题。

三、内生外生因素结合的公共资金

习近平总书记指出：“宏观政策要稳、产业政策要准、微观政策要活、改革政策要实、社会政策要托底的政策组合，是当前推动经济社会发展的五大支柱性政策。”[①] 这五大政策的组合，都需要以公共资金支持作为基础，同时公共资金收支本身也成为各个相应政策的一部分。公共财政的风险是系统性和非系统性风险最主要、最普遍的表现形式。与以往经济绩效导向下的高创新激励相比，现阶段尤其是基层行政人员更倾向于审慎中立、风险最小化的工作态度和避责行为，给基层治理造成了系统性冲击。[②]

（一）公共资金投融资

我们要确立政府公共管理和服务的资金融通观念的目标，就是要增强这种服务供给过程的成本观念和意识，更要增强财政资金融通的风险意识。财政风险应当是未来出现政府支付危机的一种前奏反映，政府拥有的公共资源不足以履行其应承担的支出责任和义务，以至于可能危害经济发展、社会稳定。[③] 增强服务者的约束和资金提供者的权利意识，推进治理体系和治理能力现代化，应从根本上减少经济风险产生的体制性根源。

融资就是一个企业或组织根据自身需求、资金状况、发展需要等方面，全面分析所面临的形势和自身需求，采用一定方式与渠道向资金所有人筹集资金，组织资金的供应，以保证业务的正常运转，保障产品生产供给需要的理财行为。对于任何一个企业或组织来说，筹集资金的动机应该遵循一定原则，通过一定渠道和方式进行，同时不同的融资方式其风险也不相同。

如果从企业经营的角度来看，融资可以分为直接融资和间接融资。

---

① 中共中央党史和文献研究院编：《习近平关于总体国家安全观论述摘编》，中央文献出版社 2018 年版，第 91 页。

② 参见倪星、王锐：《权责分立与基层避责：一种理论解释》，《中国社会科学》2018 年第 5 期。

③ 参见刘尚希：《财政风险：一个分析框架》，《经济研究》2003 年第 5 期。

直接融资是指不经由第三方金融机构作为中间媒介，而是由政府、企事业单位及个人以最后借款人的身份，直接向最后出借人融通资金的活动，所获得的资金直接用于生产、投资和消费等各项支出。间接融资是上述主体作为最后借款人，借助第三方金融机构的媒介作用，向最后贷款人借贷资金的融资活动。例如，企业向银行、信托公司进行融资，政府经由债务发行机构进行借贷等。直接融资的风险全部由融资者承担，间接融资的风险则往往由第三方机构和最终借款人之间进行风险的责任划分，在一定程度上还要承担连带风险责任。

公共管理和服务融资是公共组织（主要是政府）根据社会公众的需要，通过税收、收费、公债和其他直接和间接方式融通资金，在此基础上提供或直接生产满足需要的公共管理和服务以及公共机构和公众的社会消费行为。这个概念主要局限于为公共管理和服务所进行的融资行为，不包括政府作为国有企业所有者，为企业的经营所进行的经营性质的融资。在 1978 年以前的传统计划经济体制下，我国是不存在现在意义上的财政风险概念的，因为在那种情况下，基本上以收入确定支出，奉行的是完全平衡式的公共预算。现代风险社会则更多地承担了公共风险防范与化解职责，财政的风险化解作用也越来越鲜明地嵌入其中，政府社会救助职能的目的也是防范私人风险转化为公共风险。①

（二）公共资金融通与风险

如果传统的财政收支方式本身，不存在现在意义上的风险因素，那么地方财政投融资形成后，就有了现代意义上的公共风险概念。一般理解的财政投融资概念是指财政融资行为是“以国家信用为基础，

① 参见刘尚希、武靖州：《财政改革四十年的基本动力与多维观察——基于公共风险的逻辑》，《经济纵横》2018 年第 11 期。

通过多种渠道筹措资金，有偿地投资于具有公共性的领域”①。一般将财政投融资归入财政支出中的经济性支出领域，并与维持性支出、社会性支出构成财政支出的三大领域。

1994 年分税制改革虽然改变了中央财政薄弱的局面，但是地方财政的困境开始形成，一些地方开始了对财政投融资平台的探索。上海市在 1992 年成立了上海市城市建设投资开发总公司，可以说是第一个真正意义上的地方投融资平台。1997 年亚洲金融危机爆发，党中央为刺激经济增长，推出了一系列刺激政策，地方的投融资平台因此获得了高速的发展。到 2008 年，为应对亚洲金融危机，党中央推出了 4 万亿元的投资计划，其中中央和地方分别承担 1.18 万亿元和 2.82 万亿元。经过这几次大的风险和危机的应对，使地方投融资平台全面发展起来。但是直到 2009 年，中国人民银行和银监会才首次提出支持地方融资平台公司的发展政策，以拓宽基础设施项目的融资渠道，应对危机的影响。

根据人民银行的统计数据，截至 2010 年末，全国共有地方政府建立的城市投融资平台 1 万余家，比 2008 年末增加 25%，其中县级的约占 70%。国务院开始对投融资平台进行规范，投融资平台也第一次从国家层面上获得了认可，但同时也要求进行全面清理。国务院《关于加强地方政府融资平台公司管理有关问题的通知》规定，投融资平台是指由地方政府及其部门和机构等通过财政拨款或注入土地、股权等资产设立，承担政府投资项目融资功能，并拥有独立法人资格的经济实体。人们通常认为，财政投融资与其他财政收支项目有着明显区别：一是它的资金来源主要是需要还本付息的有偿资金，而其他形式的资金多属于无偿的、单向的。二是财政投融资的资金具有灵活性，主要体现在收入形式、使用方式上，其他收入的取得受财务周期、征收比

① 赵志耘：《财政支出经济分析》，中国财政经济出版社 2002 年版，第 209 页。

率、收入进度的限制，使用时要依据预算拨付程序、预算追加规定等进行，缺乏灵活性。

到 2001 年我国乡镇和村两级债务大约为 3259 亿元，其中乡镇债务是 1776 亿元，村级债务为 1483 亿元。[①] 随着形势的发展，债务风险状况越来越值得忧虑，在 2013 年审计署对地方政府债务进行了全面审计。审计结果表明，截止到 2013 年上半年，全国各级政府负有偿还责任的债务余额总计约为 20.7 万亿元，负有担保责任的债务余额总计约为 2.9 万亿元，可能承担一定救助责任的债务余额总计约为 6.7 万亿元[②]（见表 3－1）

笔者认为应该将资金融通的概念引入公共收支领域，就是因为其他形式的税收、收费等收入和最终支出之间，虽然没有建立一一对应的关系，但是并不代表这些资金是无偿的和不受约束的，同时资金供给者和使用者的权利义务也是对应的。只有这样，才能真正加深人们对资金使用的成本概念，为防控重大风险打下坚实的基础。

表 3－1　2013 年 6 月底地方各级政府性债务规模情况表

（单位：亿元）

年度	政府层级	政府负有偿还责任的债务（政府债务，下同）	政府或有债务	
			政府负有担保责任的债务	政府可能承担一定救助责任的债务
2013 年 6 月底	中央	98129.48	2600.72	23110.84
	地方	108859.17	26655.77	43393.72
	合计	206988.65	29256.49	66504.56

资料来源：中华人民共和国审计署网站。

在传统财政学理念中，政府几乎是公共管理和服务的唯一决策者、投资者和供给者，是没有公共资金融通概念的，而只有财政收支一词，

① 参见刘尚希、赵全厚：《政府债务：风险状况的初步分析》，《管理世界》2002 年第5 期。

② 参见国家审计署：《全国政府性债务审计结果》，中华人民共和国审计署网站，http：//www.audit.gov.cn/n5/n25/c63642/content.html.

包括财政收入和支出两个相反方向的行为，没有发展为统一的概念[①]。即使是财政收支的渠道也相对简单，从收入形式上看，主要是税收和企业利润，有时甚至连税收都被取消，改为企业上缴利润；从公共支出形式上看，主要是人员经费支出、经济建设支出。收入取得是依靠国家强制力进行的，没有通过支出所提供的公共管理和服务（尽管存在着这种实际），而与社会公众和企业的税收缴纳行为形成一种对价关系，即所谓的双向、有偿问题，当然也就谈不上融资问题。在我国政府机构改革中，政府的职能被定位在社会管理、公共服务职能，尤其在党的十九大报告中，将“完善公共服务体系”，满足人民日益增长的美好生活需要，以及增强人民获得感、幸福感、安全感作为重要手段，使公共服务提供理念更加对等。

财政风险的表现形式主要包括赤字不可持续、债务不可持续、财政不可持续等方面，最终这种风险或危机渗透到经济、政治等领域，就会导致经济衰退和政治不稳定。[②] 其中，财政收支的差额构成的赤字不可持续是基础性根源。有的学者认为，政府收支的自我修正机制、经济韧性，使中国财政赤字具有长期可持续性，但在赤字增长过快时，政策当局会对财政收支进行适应性调整；这种调整就是中国特有的“支出驱动收入”的作用关系，并使税负与国债规模在未来有攀升风险，因此也需要把握好政府合理支出，并建立有效的预警机制。[③]

（三）制度创新及异化风险

从财政体制改革和风险之间的关系我们也可以看出，财政制度、财政政策日益成为一种内生、外生因素结合的财政风险根源。地方政

---

① 从逻辑学的角度，两个事物是否融合为一个事物的基本标志是，是否产生了独立于这两个实体的概念，而不是这两个实体简单的组合，传统的财政收支显然不具备这个条件。

② 参见刘尚希：《财政风险：一个分析框架》，《经济研究》2003 年第 5 期。

③ 参见杨子晖、赵永亮、汪林：《财政收支关系与赤字的可持续性——基于门槛非对称性的实证研究》，《中国社会科学》2016 年第 2 期。

府要满足辖区内居民日益增长的公共管理和公共服务需求，就必须加大对基础设施及具有社会效益项目的投资。从公共管理和服务收益范围角度看，其投资应当主要由地方政府承担，这就使政府开支日益加大。具体到我国财政管理体制下，财政还要负责地方基础教育、公共卫生、社会安定及行政管理等纯公共产品的供给。在地方政府面临沉重的公共融资压力的同时，我国的公共融资制度缺乏相应的灵活性，如税收制度中税制结构不合理导致地方缺乏相应的主体税种；没有税收立法权、停征权，实际上地方无法根据各地实际开征、停征部分税种；有限制、有定额、有方向的举债权，在防范风险的同时增加了支出压力，导致无法实现公共收入的跨期调剂。

但是，国家对基层政府制度内获取公共资金渠道的限制，导致基础设施的投资职能另寻他途，带来了制度方面的创新。但是这种创新是在原有体制之外进行的，往往也带来了巨大的风险。巨大的支出压力和缺乏弹性的制度限制，形成了21世纪前后我国地方政府公共融资长期的制度内、外融资方式并行，并促进了融资上的制度创新。政府制度内公共融资是指现行国家法律制度允许的公共融资方式，如征收税收和规费、争取国债转贷、国外借款、政策银行贷款等。制度外公共融资是指目前我国法律制度不允许的公共融资方式，如地方政府借贷、企业借款担保、向企业借债等。还有介于现有体制规定的灰色地带，如最初的地方融资平台建设，后来才获得了制度内的认可。

公共融资制度创新是指通过各种公共金融要素的重新组合和创造性变革所形成的公共融资工具或业务，主要指公共金融业务创新。传统的金融创新主要发生在公共金融领域之外，如西方发达国家金融监管机构对银行资产负债的管理、利率管制、外汇管制。在金融机构分业管制等金融管制条件下，加强了金融机构的相互竞争，产生了一系列新的金融商品和交易手段。我们所说的公共融资创新主要是指在现行法律制度框架内，由于技术进步、规避监管等原因形成的一些制度创新。比如，各地政府入库的 PPP 项目，既达到了公共融资目的，又不违反法律禁止地方政府借贷的规定，这就属于制度创新方式。公共融资制度创新在很大程度上是地方政府在现有制度内融资不能满足公共资金需要的不得已选择。但制度外公共融资方式由于有效的偿还机制和决策、管理、监督机制，随意性较强，收益很难预测，容易形成较大的公共风险。这就带来了制度创新的异化，即创新的目的是解决现实中的问题甚至风险，但是创新的结果却带来了风险的酝酿和聚集，也就是走到了创新目标的反面。

第四章　当代典型重大金融风险事件

根据上述对我国经济过热、下行的回顾分析，以及对我国财政收支风险变迁的分析，可以看到，很多风险都有着一些重大金融危机冲击的影子。习近平总书记指出："在经济全球化深入发展的今天，金融危机外溢性突显，国际金融风险点仍然不少。一些国家的货币政策和财政政策调整形成的风险外溢效应，有可能对我国金融安全形成外部冲击。"[①] 认识国际金融危机，是我们防控重大风险的基础，尤其是1997年的亚洲金融危机和2008年国际金融危机事件更是非常典型的国际金融危机事件。

一、1997年亚洲金融危机

亚洲金融危机是冷战后伴随经济全球化发生的第一次世界范围的金融危机事件。这次危机首先在泰国发生，很快蔓延至东南亚，也波及了俄罗斯和巴西。这场危机发生的大背景是，虽然经历了几十年的经济全球化，但国家经济治理依然奉行民族国家法律制度体系，这也是历次金融危机的一个基本教训。

---

① 中共中央党史和文献研究院编：《习近平关于总体国家安全观论述摘编》，中央文献出版社2018年版，第96页。

（一）过程及原因

亚洲金融危机发生在 1997—1998 年，首先在泰国爆发。1997 年 7 月2 日，泰国宣布放弃实行了十多年的固定汇率制，转而实行浮动汇率制，从而引发了一场遍及印度尼西亚、新加坡、马来西亚、菲律宾等东南亚国家的金融危机。实行浮动汇率制的当天，泰铢兑美元汇率大幅下降 17%，外汇及其他各类金融市场一片混乱。事情的发展速度远远出乎了人们的预料，金融危机很快波及亚洲其他国家。受到泰铢汇率剧烈波动的影响，印度尼西亚盾、菲律宾比索、马来西亚林吉特等亚洲各国货币，在国际金融炒家的大举进攻下，陆续迅速沦陷。

发展到 1998 年初，金融危机经历了短暂的平静后在印度尼西亚再度爆发，直接导致该国发生了历史上所遭遇的最严重的经济衰退。国际货币基金组织（IMF）为印度尼西亚提出了一揽子经济治理措施，但也没有实现预期的治理效果。1998 年 2 月 11 日，印度尼西亚政府宣布印度尼西亚盾与美元保持固定汇率，并实行联系汇率制，以稳定印度尼西亚盾。但是这一举措受到了国际货币基金组织及欧美发达国家的一致反对，国际货币基金组织甚至为此声明要撤回对印度尼西亚的一系列经济援助。

到了 1998 年 8 月初，趁着美国股票市场动荡不已，以及日元汇率又持续下跌的有利时机，国际金融炒家对香港资本市场发动了新一轮的攻击。香港恒生指数甚至一路下跌到 6600 多点。在中国政府的鼎力协助下，刚刚成立一年的香港特区政府金融管理局动用外汇基金进入股票市场、期货市场，对国际资本市场的炒家予以坚决回击。通过在资本市场上吸纳抛售的港币，最终将汇市稳定在了 7.75 港元兑换 1 美元的水平上。经过将近一个月的反复拉锯缠斗，使国际资本市场的炒家损失惨重，维护了香港金融的稳定局面。

金融危机进一步向俄罗斯等国蔓延。俄罗斯金融危机的爆发，说明亚洲金融危机已经超出了区域性范围，在一定意义上具有了全球性危机的性质。俄罗斯经济一直到1998年底都没有摆脱困境。到了1999年，历时近两年的亚洲金融危机的影响基本结束。

（二）危机产生的原因分析

关于危机发生的原因先后有大国阴谋论、资本主义固有矛盾论、国际炒家操纵等说法。① 但是更多的研究分析是深入亚洲经济体系内部，探讨其发生的可能性。因为任何风险危机的发生都是冲击作用于经济体系的脆弱点，然后经由系统的放大传导机制，最终形成危机爆发。从这个意义上看，内因才是爆发危机的根本原因。通常认为，危机前亚洲多数国家或地区经济体的高通胀率（见表4-1）、债务高企、总量不平衡、资产泡沫、呆坏账严重、金融过早开放等问题的合力，才是形成金融危机的主要原因。②

表4-1　亚洲金融危机主要经济体危机前的消费者物价指数年增长率

（单位：%）

年份	中国香港	日本	韩国	新加坡	泰国	马来西亚	印度尼西亚	菲律宾
1997	5.78	1.75	4.44	2.00	5.63	2.66	6.23	5.59
1996	6.28	0.14	4.92	1.38	5.81	3.49	7.97	7.48
1995	9.08	-0.13	4.48	1.72	5.82	3.45	9.42	6.83
1994	8.74	0.70	6.27	3.10	5.05	3.72	8.53	10.39
1993	8.80	1.24	4.80	2.29	3.31	3.54	9.67	6.72
1992	9.65	1.76	6.21	2.26	4.14	4.77	7.52	8.65
1991	11.16	3.25	9.33	3.43	5.71	4.36	9.42	19.26
1990	10.43	3.08	8.57	3.46	5.86	2.62	7.82	12.18
1989	10.18	2.27	5.70	2.35	5.36	2.81	6.42	12.24
1988	7.89	0.68	7.15	1.52	3.86	2.56	8.05	13.86

① 参见王梦奎：《亚洲金融危机与中国》，《求是》1998年第21期。

② 国务院发展研究中心课题组：《打好风险攻坚战：思路与对策》，中国发展出版社2017年版。

外生因素分析的更广泛视角认为，主要有三个方面因素：文化层面，亚洲金融危机是亚洲各国社会在儒家思想主导下，形成的亚洲价值观念的必然后果；制度层面，长期的特有发展模式所形成的“权贵资本主义”（Crony Capitalism），让亚洲各个国家和地区的政商界当权者在经济决策中，对社会关系等非经济因素考虑过多，导致了在人际关系因素考虑下做出很多风险投资和不良贷款，最终形成泡沫经济的根源；经济结构层面，经济结构存在问题，宏观经济治理和微观经济管理不善，最终使整个经济体系产生风险与危机问题。①

也有的专家从内生因素角度，分析了纯经济体系内部的脆弱性，普遍认为在亚洲金融危机爆发前，泰国政府当权者实际上已经被困在了“不可能三角”（Impossible Trinity）中，即经济决策者不可能同时协调做好三样经济政策目标，即固定汇率、资本自由流动和货币政策的独立性，这就造成国际资本市场炒家有空隙可钻。② 同样是内生因素，也有人从货币政策角度进行了分析，认为持续的国际收支逆差、固定汇率机制加上资本自由流动，是发生货币危机的充分必要条件。③

（三）危机对亚洲地区的影响

亚洲金融危机对整个东南亚国家，乃至亚洲地区的影响是非常深远的，甚至这种影响开始向全球蔓延，直接波及了俄罗斯、巴西，甚至一些欧美发达国家也遭受一定影响。这次危机带来了以下四方面后果。

一是区域性的经济衰退。由于汇率的大幅度贬值迅速引发了区域性的金融市场不稳，资本市场动荡，汇率和房价出现下跌，金融机构破产合并重组，外资撤资外逃，20 世纪 80—90 年代迅速发展起来的

---

① 参见刘鸿儒：《亚洲金融危机的教训》，《金融研究》1998 年第 6 期。

② 参见张文武：《全球性金融危机的演变逻辑》，《中国金融》2020 年第 2 期。

③ 参见余永定、陆磊：《中国应从亚洲金融危机中汲取的教训》，《金融研究》2000 年第 12 期。

东亚经济圈受到重创。整个1998年，印度尼西亚、泰国、马来西亚、日本、韩国的GDP增长率分别为-13.1%、-7.63%、-1.13%、-7.36%和-5.47%，基本上都是负增长。在东南亚地区出现危机前的10年里，这些国家的GDP年均增长速度曾一度达到7.6%；但是在危机出现后的10年中，却降低到了5.3%。[①] 从1994—2002年亚洲相关国家和俄罗斯、巴西的国家增长速度看，危机形成的重创在1998年十分明显，都处于增长的洼地，大部分国家的增长率甚至降低到了负数。

二是社会风险危机开始蔓延。危机从1996年显露到1997年、1998年爆发的几年间，亚洲遭受危机冲击的国家和地区失业率迅速攀升。韩国的失业率从2.1%上升到7%，泰国从2.9%上升到4.4%，印度尼西亚从1.5%上升到6.4%，马来西亚从0.9%上升到3.4%。因失业带来的收入下降、社会不满开始在各个阶层加剧，形成大规模的社会不满潮，带来了一系列危机，并向其他领域蔓延。

三是内部的政治不稳定。危机的经济、社会影响开始不断酝酿和发酵，并逐渐影响了亚洲很多国家的政治稳定。印度尼西亚开始出现排华骚乱和游行，韩国出现反对失业的罢工，泰国在野党纷纷指责执政党，公众抗议国际货币基金组织的援助条件，最终印度尼西亚、韩国和泰国还因为危机的影响，政权发生更迭。

四是推动了区域经济格局变化。危机暴露了经济全球化、区域化和经济治理的民族化、本国化之间的矛盾，这使得亚洲有关国家和地区充分认识到了经济治理合作的重要性。清迈倡议、亚洲债券市场倡议、短期资本流动监控、经济评论和政治对话等各种经济治理的共同行动，都取得了不同程度的成功，亚洲尤其是东盟区域经济一体化进程明显加速。

① 参见张文武：《全球性金融危机的演变逻辑》，《中国金融》2020年第2期。

(四) 我国的危机处置应对

由于我国在亚洲金融危机之前，正处在经济加速增长的上升通道，同时从金融政策上看，我国实施了严格的资本项目管制，坚持了人民币不贬值的政策，虽然受到一定冲击，经济增长速度略有下调，但是并没有产生过大影响。[①] 亚洲金融危机之所以没有对中国构成重大的影响，还因为中国并不存在大量的短期外债；加上中国金融体系相对脆弱，没有开放资本项目，危机传播渠道不存在；中国审慎的内外金融监管，集聚的大量外汇储备也足以应付大量的进口需求；同时相对稳定的物价，也为政府在经济下行时期实施扩张性财政、货币政策预留了充分的空间。[②] 之所以有这种物价稳定的局面，是因为中国政府自 1993 年以来为治理经济过热带来的通货膨胀现象，一直强调压缩经济泡沫，并一直采取从紧的货币政策压制通货膨胀。治理整顿措施一直持续到了 1996 年，中国的通货膨胀率几近于零，使中国对于危机有了充分的准备。

尽管如此，我国经济依然受到了一定的影响，主要集中在对外贸易和外商投资两个方面。一方面，对外贸易增速显著下降。危机初期，亚洲有关国家纷纷进行货币贬值，大部分对美元的汇率都下调 10%以上，影响了亚洲经济体其他国家的出口竞争力（见表 4－2）。尤其当时的日本和韩国，分别是我国第一和第三大贸易伙伴，中国又对外承诺人民币不贬值。到了 1998 年对韩国、印度尼西亚、泰国的外贸出口减少了 20%以上，由于欧美等国家的需求强劲，才弥补了这部分下降，使我国出口下降幅度有限。

---

① 参见余永定：《亚洲金融危机的经验教训与中国宏观经济管理》，《国际经济评论》2007 年第 3 期。

② 参见黄育川：《亚洲金融危机与中国经济面临的挑战》，《国际金融研究》1999 年第7 期。

表 4-2　亚洲金融危机前有关国家的汇率变化[①]

（单位：%）

年份	印度尼西亚（盾）	日本（日元）	韩国（韩元）	马来西亚（林吉特）	菲律宾（比索）	泰国（泰铢）
1995	-3.9	8.66	4.17	4.79	2.73	0.94
1996	-4.0	-13.53	-4.12	-0.46	-1.91	-1.69
1997	-19.69	-10.09	-15.44	-10.57	-11.04	-19.20

另一方面，外商投资的减少。当时我国的改革开放进入第 20 个年头，除了来自美国、德国的投资外，大量的投资来自东亚国家。但是这些国家受到金融危机的影响，对中国的投资大量减少。同时，这些国家实施的通货紧缩的结构性改革，使其内部产生大量的投资并购机会，也吸引了欧美发达国家的资金转向这些国家。这两方面减少的投资，在很大程度上减少了对中国的投资。

在应对亚洲金融危机过程中，我国充分展现了一个负责任大国的姿态。首先，采取了积极参加货币基金组织对有关国家的援助工作，向泰国等国家提供无偿援助资金 40 亿美元，还向印度尼西亚等国提供药品等援助。其次，中国坚持了人民币不贬值的政策，顶住了巨大压力，做出了巨大牺牲，成为稳定世界经济的基石。最后，积极扩大内需。通过采用扩张性政策措施化解体制内结构性矛盾，住房制度改革、国有企业改革、医疗改革等，都是从这个时期正式启动的。1995 年，党中央提出国企改革要转变增长方式、实行“抓大放小”战略，各地也采取了改组、兼并、联合、租赁、承包经营、股份、合作和出售等多种形式，将大批小企业推向企业资产市场。1998 年改革福利住房制度，实行住房商品化改革，2003 年提出房地产业的支柱产业地位，后续的房地产业及其带动作用辐射的下游产业，对中国经济增长做出了巨大贡献。

① 参见何秉孟、刘溶沧、刘树成：《亚洲金融危机：最新分析与对策》，社会科学文献出版社 1998 年版。

1997年金融危机对我国更多的是一种警示作用，使我们意识到了转变增长方式、完善经济管理制度、推进企业改革和完善市场制度的重要性，上述改革都是在这种指导方针下进行的。1998年底，在亚洲金融危机基本过去后，我国快速摆脱了亚洲金融危机的影响，初步保持了正常的经济增长势头。

二、2008年国际金融危机

2008年的国际金融危机成为当时世界各国关注的焦点问题，这种关注程度使某些问题因为聚焦程度的提高，获得对其作用和影响的无限放大。但是，也只有对引发危机的制度弊端进行深刻反思，才能获得全面推进制度建设的契机，提高系统的韧性，防范下次危机的到来。

（一）美国次贷危机爆发

2008年的国际金融危机，始于2007年美国国内发生的次贷危机(Subprime Crisis)。次贷危机之所以会发生在金融制度健全、经济实力雄厚、市场管理相对完善的美国，是因为2001年的互联网泡沫后，美联储的低利率政策产生了房地产泡沫，货币政策的逆转使泡沫破裂；前期针对低收入、低信用人群设计的次级债融资工具的过度投放，后续货币政策调整的利率飙升等因素的共同作用，造成了国际金融危机的爆发。

即使到了2007年美国次贷危机发生初期，大多数美国人依然对危机可能带来的危害缺乏认知。当次级贷高杠杆引发的连锁反应，将损害逐步侵入整个金融体系内部时，形成了金融危机；再由金融体系逐步侵入实体经济，形成了全面性经济危机；又由于美国在世界经济中所扮演的“火车头”作用，使美国范围内的经济危机迅速蔓延到全球各个角落，形成全球性经济危机，这就使危机呈现了逐步放大的过程。

经济体系中的脆弱性被体系中的蝴蝶效应（Butterfly Effect）放大，最终带来的是经济体系“北美的一场风暴”。

从 2007 年中期，美国次贷危机爆发开始，不但美国国内房地产市场泡沫最终归于破灭，还使美国陷入了自 20 世纪 30 年代大萧条以来最严重的金融、经济全面危机。到 2008 年，从美国次贷危机到金融危机，一直蔓延到世界各地，形成全球性经济危机，这一发展过程历时一年多的时间。在这段时间里，由占美国 2006 年住房抵押贷款总额比重不到 20%、总金额仅仅 600 亿美元的次级债（见图 4－1）所引发的“多米诺骨牌效应”导致的金融危机已经蔓延到整个实体经济领域，并形成了全球性经济危机，这是人们始料未及的。

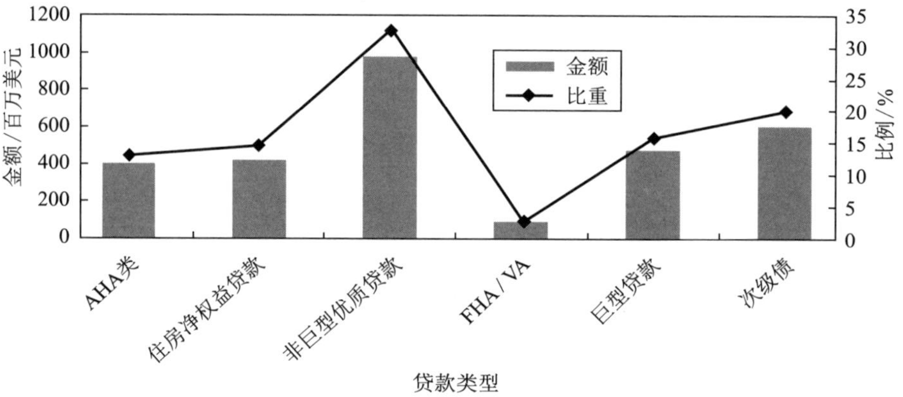

图 4－1　2006 年美国各类住房抵押贷款金额及比例

资料来源：Inside Mortgage Finance Publications.

美国次贷危机爆发初期，世界经济领域的多数研究者持乐观态度，普遍认为虽然次贷危机对世界经济造成了一定的负面影响，但尚不能据此断定会引发全球性金融危机。国际货币基金组织等国际经济组织在最初也表现出对形势的乐观态度，直到 2008 年 3 月该组织仍表示，国际金融市场动荡局面尚在“可控范围”。但当时也有少数人持不同意见，认为次贷危机将会完全逆转世界经济繁荣周期，甚至将成为世界经济史上的标志性事件。索罗斯就是其中悲观的代表，他甚至认为次贷危机将是“二战”后最严重的金融危机，甚至将带来长达几十年的美元时代的终结。有的学者还认为，次贷危机可以定性为盎格鲁-撒克逊模式金融体系的失败。[①] 美国经济学家鲁宾尼（Roubini）甚至悲观地认为，即便美国联邦储备局实施连续的降息政策，也难以从根本上阻止美国经济的持续性衰退，甚至还会带来世界经济的衰退。

一些知名金融机构的专家在初期也表示了较为乐观的态度，如花旗银行中国经济学家黄益平认为，次贷危机虽然已经成为美国现在的主要矛盾，美联储有可能走上减息之路，但美国走向经济全面萧条的可能性还不是很大；中金公司首席经济学家哈继铭认为，目前来看次贷危机在美国金融机构中有可能进一步蔓延，但目前还没有影响到美国的实体经济，那么对中国的影响就不大，中国金融机构在此次风波中的损失也是“微不足道”的。[②] 国内外专家在初期，对于次贷危机影响的分析和判断，主要基于次级贷款在经济总量中所占比例不大的情况。仅仅就其所占比重看，次级贷确实只占美国住房抵押贷款市场份额不到20%。虽然住房抵押贷款市场占整个抵押贷款市场的90%，但抵押贷款只占美国各家商业银行四种主要贷款业务量的1/4。这样算起来，次级贷在美国整个贷款的比重不到5%，是一个相对很小的比例。但无论是美国国内，还是整个世界后来受危机冲击的现实证明，这种线性分析方式，忽略了危机的传导放大机制对于危机破坏作用的助推作用，尤其是经济系统对于脆弱性的放大作用。

随后的形势完全没有按照人们的乐观预期去发展，美国次贷危机导致的金融危机、经济危机，不仅重创了欧美等发达国家的金融市场和经济体系，还冲击了全球实体经济，造成了各国的巨额经济损失，

---

① 参见吕薇洲、刘婧宜：《金融危机与“盎格鲁-撒克逊模式”的衰落》，《理论导刊》2009年第8期。

② 参见于晓娜：《次按危机对中国经济影响不大》，《21世纪经济报道》2007年8月22日。

其损失程度远超出人们的乐观预期。据国际货币基金组织对2008年金融危机带来的经济损失的评估，次贷危机带来的国际金融危机，仅直接经济损失部分就高达1.4万亿美元，间接经济损失和政治、社会冲击所带来的损失更是难以估量。据日本瑞穗证券（Mizuho Securities）对2008年金融危机损失所做的初步评估结果，仅全球金融机构因危机事件的损失就高达5.8万亿美元。仅仅在2007年初至2008年11月的一年多时间里，全球各金融机构已经披露的资产减记和信贷损失，就已经高达9663亿美元。①

（二）国际金融危机演化过程

任何系统性风险危机的发生，都是由危险作用于系统的脆弱性，经过系统的不断放大机制实现的。2007年的美国次贷危机也并不是突然发生的，它是在曾经席卷全球的互联网泡沫（又称dot-com泡沫），即1995—2001年与资讯科技及互联网相关行业的投机泡沫事件后，美联储利率政策、银行贷款品种设计、低收入人群的非理性房地产贷款的次级贷的共同作用下，加上美国经济体系失衡的必然结果。

1. 危机始于美国次级贷

2008年金融危机，始于2007年爆发的美国刺激贷款制度设计中天然弊端形成的脆弱性。次贷危机初期主要集中在信用较低的普通居民中，这也是历次金融危机中的一个反常现象。按照金融机构正常信贷业务的制度设计，信用程度较低的居民是无法通过正常途径借到银行贷款的，因为信用评级制度就阻碍了他们获得这些贷款。但是，次级贷通过一系列的制度设计，让这些信用人群能够轻易贷到所需款项。次级抵押贷款公司实际上很清楚这样带来的风险，所以在向这些信用人群提供了贷款后，为了规避贷款风险，通常将这些贷款证券化，然

① 参见郭世坤、蒋清海、刘都生：《美国次贷危机引发国际金融危机：原因及后势》，《投资研究》2009年第1期。

后通过出售资产抵押债券（ABS），将资产打包出售给投资银行。投资银行同样也清楚这些贷款的质量，它们继续以担保债务凭证（CDO）形式，出售给保险公司或市场上的对冲基金。保险公司和对冲基金往往都对投资银行提供融资，投行又往往为次级贷款的抵押贷款公司提供贷款，次级贷款抵押公司又为次级贷的借款人提供贷款。借助于资本市场上常用的资产证券化形式，通过一系列相互关联、环环相扣的贷款模式，较低信用毫无障碍地以传销的形式进入资本市场，而低信用的借款人根本就不具备还款能力，这就为次贷危机的发生埋下了制度隐患。

从次级贷款的一系列制度设计中我们也可以看出，这种体系存在着严重的制度缺陷，具有明显的脆弱性。脆弱点主要体现在两个方面，即贷款人的还款能力和抵用房产的价格。在一般情况下，上述贷款的过程会持续运行，在正常情况下直到贷款人还清全部贷款，这个贷款过程终结；或者在贷款人无法按时偿还的情况下，次级抵押贷款公司也可以出售质押的住房，从中获得补偿，最终也能够保持收支平衡。但是，如果一方抵押人无法偿债，则抵押贷款的评级就会下降，因为整体上这些抵押人信用较低，这种情况经常发生；如果再加上整体经济走势下行，抵押的住房等财产价格普遍下调，就会发生大面积贷款难以偿还的现象，导致次级贷款体系的危机。

2. 危机继续深化蔓延

次级贷款主要是面向低收入、低信用评级的人群设计的金融产品，而且也并非所有的金融机构、房地产公司都会介入次级贷款业务流程。但现代金融和经济体系，已经变成了相互密切联系的网络，对某个脆弱点的冲击，很可能借助于网络的传导放大功能，传导到整个系统。次级贷危机爆发后，就显示了类似病毒的效应，次级贷通过资本市场上的资产证券化工具，不断被打包出售给普通的金融机构，使金融机构及其客户都被牵连进去。危机还带来整个金融市场的紧缩效应，这种金融紧缩让更多没有牵涉次级贷的普通金融机构、个人，也都纷纷受到危机影响。

从组织机构的角度看，无论是传统的商业银行、投资银行、保险公司，还是金融危机前10多年来发展最快的各类基金公司，都受到2007年次贷危机的沉重打击。甚至那些不直接参与金融市场，依靠捐助或非营利基金资助的组织机构、社会项目、志愿者组织、NGO等，也因为所依赖的基金或捐助人遭受危机影响而经营困难。在美国各大金融机构截至2008年底的9663亿美元的损失中，银行和投行的损失约为7094亿美元，占比73.4%；整个保险业损失约达到了1424亿美元，占比14.7%；作为美国次贷危机导火索的“两房”，即房地美、房利美更没有独善其身，损失合计约1144多亿美元，占比11.8%。① 在美国银行业的损失中，花旗、汇丰、美国、美林等著名大银行，以及摩根士丹利和雷曼兄弟等著名投行都名列其中。

从普通公众的角度看，危机导致全体居民和所有企业的信用全面紧缩，使普通居民高信用等级的一般消费信贷、汽车消费信贷，甚至高档房地产贷款等消费贷款，包括大量的优质商业贷款违约率开始逐步攀升。由于经济危机带来的失业、收入下降，具有较高信用等级的优质贷款人也开始出现大量的贷款违约现象，这些人士使用较多的信用卡消费贷款，更是拖欠严重。截至2008年底，危机中的次级贷款及相关债券损失约6000亿美元，受影响的较高信用等级贷款与债券损失则达到了约8600亿美元。

3. 危机波及更广泛区域

2008年金融危机与1997年亚洲金融危机最大的不同是其影响地域范围广泛，欧美发达国家和亚非拉发展中国家，几乎都遭到了重大经济风险危机带来的前所未有的冲击。在2008年底前已披露的金融机

---

① 参见郭世坤、蒋清海、刘都生：《美国次贷危机引发国际金融危机：原因及后势》，《投资研究》2009年第1期。

构9663亿美元损失中，仅美国就损失了5868亿美元左右，欧洲则损失了多达3445亿美元，亚洲虽然少些但也有350亿美元左右，某些国家甚至到了濒临破产的边缘。例如，仅有32万人的北欧国家冰岛，其金融业在国民经济中的比重远超实体经济，冰岛三大银行又都涉足美国“两房”的次级贷和信用违约掉期的业务，因而受到的影响较大。冰岛在2008年金融业危机中所负担的外债超过1383亿美元，是其当年全国GDP总额193.7亿美元的7倍多。[①]

4. 危机的衍生次生损害

次贷危机除了造成直接损失外，间接损失主要是带来全球金融市场的流动性缺失。流动性缺失导致贷款人还款能力大幅降低，房地产价格断崖式下降，市场价值大量缩水；贷款机构通过处置抵押不动产止损能力下降，导致呆坏账持续攀升，运营模式回归保守和审慎，反过来又会导致进一步的紧缩循环。美国因次贷危机导致其全球经济主导地位被削弱，甚至进一步拖累了全球实体经济。为应对全球危机，各国纷纷开启了量化宽松的宏观政策，试图拯救危机中的经济。但是，在长期经济弊端没有根本消除的情况下，危机所引发的问题远非短期应急性经济政策所能解决的。弗朗西斯·福山（Francis Fukuyama）在亚洲金融危机之前，认为亚洲现代化模式“正在走向终结”，有些学者也在1992年亚洲金融危机中宣告亚洲发展模式的终结。美国学者库普乾（C. A. Kupchan）则在其针对20世纪末、21世纪初的互联网危机所写作的《美国时代的终结》一书中也指出，在新的“更加不可测和不稳定的全球体系”中，美国的全球政治、经济地位将逐渐被取代。[②] 2008年诺贝尔经济学奖获得者，美国经济学家克鲁格曼（P. R. Krugman）在2006年美国房价上涨趋势尚未终结的时候，就依据美国

① 参见Robert E. Prasch. Meltdown Iceland：Lessons on the World Financial Crisis from a Small Bankrupt Island. Review of Political Economy，2011，23（2）.

② 参见库普乾：《美国时代的终结——美国外交政策与21世纪的地缘政治》，潘忠岐译，上海人民出版社2004年版。

部分地区楼市逆转的情形，认为近三年（2006年之前）楼市是美国经济增长的主要发动机，楼市逆转意味着美国经济将不可避免地出现严重衰退。但是，这些在危机到来之前发出来的空谷足音，却远没有成为美国社会的主流声音。到了危如累卵的危机爆发时刻则已经于事无补，最终危机的爆发已难以有效遏制。

5. 危机的持续传导放大

虽然人们对次贷危机根源的认识存在着一定差异，但是对于次贷危机传导机制的认识却是相对统一的。在金融危机传导过程中，美国次贷危机经历了从信贷市场到资本市场，从金融市场到实体经济，从国内市场到国际市场的总体传导路径。美国次贷危机的演进表现为几个风险关联环节，即房地产市场繁荣导致抵押贷款标准放松，低信用人群获得贷款；抵押贷款在基础金融产品上创新，进行资产证券化；证券化导致了信用风险将由房地产金融机构和整个资本市场关联；美国前期为防止经济过热而提高了基准利率；房地产市场疲软最终成为危机爆发的导火索。在金融全球化的背景下，美国次贷危机虽然只是美国国内贷款市场的一个问题，但是美国经济占全球经济规模的1/4，全球化强化了各国经济体系的相互依赖性，一个环节的脆弱性有可能带来整个系统内的传染放大。美国次贷危机通过金融市场和实体经济的相互作用传导到全球市场，并对全球经济发展造成不确定性影响。

（三）次贷危机的原因认识

次贷危机属于“黑天鹅”事件，人们总是在危机来临前对其一无所知，又往往在危机过后，才给出危机的准确应对方案。基于对以往经验和事实的认识，未必能够为准确预测未来提供直接帮助。此次危机的事实和以往危机的事实一再证明，基于人类的有限理性和过去经验基础之上的社会科学分析，在预测未来上仍然是无能为力的。尽管如此，对过去的准确解释在任何时候都是必要的，它至少使同一个国家、地区或人群不再犯类似的错误，或者尽量不让类似的失误在其他国家、地区或人群中再出现。

如同任何一次经济危机一样，人们总能够在危机过后，而不是危机发生之前的第一时间内，就危机的直接原因得出确凿无疑的结论。对此，有的人解释说，正是长期的低利率政策导致了美国房地产业呈现总体过热的趋势：首先，低利率导致货币供应量的过度增长，导致流动性过剩，从而吸引人们从事大量的资产类投资，其中就包括对房地产的投资；其次，低利率使资金使用成本下降，人们更倾向于用按揭贷款的方式购房，这成为拉升房价上升的主要因素之一。在这两方面因素的作用下，房价上升形成一种循环：房价上升—开发商加大开发土地力度—作为稀缺资源的价格上涨—房价进一步上升（因为土地成本是房屋成本的60%左右）—开发商加大开发力度，银行加大贷款力度（包括给开发商和购房者的贷款）—住房需求和供给同时上升，同时房价也不断上升—房地产泡沫形成。

如果用低利率政策解释近年来房地产价格上升的趋势，似乎是可以解释通的。例如，自2002年起，美国房价以每年10%的幅度上涨，2005年房价上涨了17%，2003—2006年的4年间，美国平均房价涨幅超过50%。在这期间，也正是美联储连续调低联邦基准利率的时期。不过，美国长期的联邦基准利率走势却与房地产市场的价格走势并不吻合，而是根据宏观经济形势进行相继抉择的结果，并无固定的发展趋势。

我们认为美国低利率导致的流动性过度、金融衍生工具泛滥是构成危机的直接原因，金融监管、评级机构评级失真，甚至人性贪婪等方面的因素，则是次贷危机形成的间接原因。一个波及范围如此之大的全球性危机的原因，绝不会仅仅局限在金融领域，甚至不仅仅是局限在经济领域所能够诠释的，而是有深刻的政治、社会、公共管理甚至文化等方面的原因。从上述对危机过程的叙述可以看出，这些次级贷款的借款人是违约风险非常高的客户群。他们在美国被称为“NINJNA”，意为既无收入，又无工作，更无财产的人。但是，次级贷款公司为他们提供贷款的动机，或者说维系这种经济关系存在的关键是什么呢？如果一定要寻找危机导火索的话，笔者认为正是不断上涨的房地产价格。因此，对于我们国家来讲，让长期居高不下的房地产价格回归市场理性，坚持“房住不炒”，按照习近平总书记在十九大报告中提出的“坚持房子是用来住的、不是用来炒的定位，加快建立多主体供给、多渠道保障、租购并举的住房制度，让全体人民住有所居”①，才是我国避免类似危机发生的正确选择。

（四）各国的危机应对政策

自 2008 年 2 月起，最早感受到次贷危机对整个经济体系产生严重威胁的美国联邦政府，已经开始陆续推出了各种应急性的救市方案，以紧急应对次级贷款危机状况。但很快从下半年开始，次贷危机已经发生，并陆续将影响力扩展到其他领域，引起金融系统、经济体系的系列连锁反应，同时超出了地域边界，开始波及其他国家和地区。从 2008 年 10 月开始，已经感受到威胁的其他各国政府，也开始推出了一系列应急经济政策，以减轻危机的影响。

1. 美国的应急经济政策

2008 年 2 月 7 日，美国联邦政府通过了约 1680 亿美元的经济刺激法案，旨在通过退税、刺激消费促进美国经济增长。

2008 年 3 月 11 日，美联储、欧洲中央银行等 5 家央行宣布，将采取联合措施向金融系统注入资金。

2008 年 7 月 30 日，美国总统签署 3000 亿美元援助法案拯救房利

---

① 习近平：《决胜全面建成小康社会 夺取新时代中国特色社会主义伟大胜利——在中国共产党第十九次全国代表大会上的报告》，人民出版社 2017 年版，第 47 页。

美、房地美，向 40 万购房者提供 150 亿美元购房退税及其他帮助。

2008 年 9 月 7 日，美国政府宣布成立联邦住房融资机构，接管房利美和房地美。

2008 年 9 月 16 日，美国政府接管全球保险业巨头 AIG，美国政府将持有 AIG79.9%的股份，并有权否决普通和优先股股东的派息收益。

2008 年 9 月 16 日，美联储、欧洲和日本等央行再次向金融系统注入资金，以缓解信贷市场流动性不足。

2008 年 9 月 20 日，美国联邦政府向国会提出 7000 亿美元金融救援方案，并提出在未来两年授权联邦政府购买金融机构不良资产，同时，还把国债最高限额从 10.6 万亿美元提高到 11.3 万亿美元。

2008 年 10 月 1 日，美国参议院通过了修改后的金融救援方案，增加减税措施以及将联邦存款保险金额的上限由目前的 10 万美元提高到 25 万美元。

2008 年 10 月 3 日，美国众议院通过了修改后的金融救援方案，美国总统布什正式签署了《2008 年紧急经济稳定法案》。

2008 年 10 月 8 日，美联储及欧洲、英国、加拿大、瑞士和瑞典等央行联合大幅降息 0.5 个百分点。

2008 年 11 月 25 日，美联储制定“定期资产支持证券贷款工具”方案，投入 8000 亿美元，向消费贷款和小型企业贷款证券持有者提供 2000 亿美元无追索权贷款。

2. 其他国家的应急经济政策

2008 年 10 月 12 日，欧元区 15 国首脑在欧元区首次峰会上通过行动计划，同意各成员国为银行再融资提供担保并入股银行。

2008 年 10 月 19 日，韩国推出金融救援计划，为本国银行外币债务提供担保，向银行和中小出口企业（提供 300 亿美元）、国有中小企业银行提供资金（1 万亿韩元）。

2008 年 10 月 30 日，日本公布总额 27 万亿日元的经济刺激方案，包括向所有家庭发放总额 2 万亿日元现金补助，为农民提供补贴、减税，为中小企业提供信贷担保，降低失业保险标准，鼓励企业增加雇员，削减高速公路费等内容。

2008 年 10 月 31 日，俄罗斯公布政府支持本国实体经济计划，包括保障投资人和贷款人的合法利益并防止企业破产，优先支持建筑、机械制造、国防、资源行业、零售和农业等领域，加大对中小企业的支持力度等。

2008 年 11 月 9 日，中国政府宣布实施积极的财政政策和适度宽松的货币政策，并出台扩大内需、促进经济增长的 10 项措施，两年由各级政府共同投资约 4 万亿元人民币。

2008 年 11 月 26 日，欧盟委员会批准 2000 亿欧元的经济刺激计划，包括向汽车业提供 50 亿欧元的资金注入，把向成员国提供的结构基金付款，提高到最多可达 63 亿欧元。

2008 年 12 月 4 日，全球五大央行大幅降息，其中英国央行降息 100 个基点至 2%，为 1694 年创立以来最低；欧洲央行降息 75 个基点至 2.5%，是成立 10 年以来最大降幅；瑞典央行降息 1.75 个百分点，降至 2%；新西兰央行降息 1.5 个百分点至 5%；印度尼西亚央行调降基准利率 0.25 个百分点，自 9.5%降为 9.25%。

2008 年 12 月 12 日，中韩两国央行宣布签署货币互换协议，规模为 1800 亿元人民币/38 万亿韩元（按 12 月 9 日汇率计算）。

2008 年 12 月 12 日，日本宣布 23 万亿日元的经济刺激方案，包括追加 10 万亿财政预算、13 万亿金融预算，旨在提高就业保障、帮助地方政府创造就业、减税等。

2008 年 12 月 13 日，欧盟峰会通过 2000 亿欧元经济刺激计划，敦促各成员国尽快制定并实施经济刺激措施。

2009 年 1 月 17 日，加拿大政府宣布 400 亿加元的经济刺激计划，包括中低收入者永久减税、降低企业所得税、减免个人所得税、投资基建投资、建设高质量住房、保护环境等。

2009 年 1 月 12 日，德国投入 500 亿欧元投资计划，包括降低法定医疗保险费、增加职工培训、对汽车制造等工业企业实施救助办法。

2009 年 2 月 2 日，法国投入 265 亿欧元，重点投资交通、能源和住房建设等，加大教育、科研以及医疗、社会福利和文化等的投入，增加困难地区拨款支持，鼓励或直接向企业投资，扶持中小企业发展，增加就业等。

2009 年 2 月 8 日，挪威政府投入 1000 亿克朗，成立两个国家基金，分别用于增强银行业核心资本、投资公司债。

2009 年 2 月 13 日，澳大利亚投入 420 亿澳元，用于基础设施、学校和住房项目，向中低收入劳动者支付现金。

2009 年 4 月 9 日，日本政府通过了史上最大的预算修正案，追加 15.4 万亿日元。包括为环保、节能产品以及未成年人提供补贴；政府持股范围扩大到优先股、上市基金以及房地产投资信托等。

3. 各国应急政策类型

各国应急政策分为财政政策与货币政策两大类型。财政政策主要包括财政部、中央银行等机构通过减税、免税、补贴等手段，使居民家庭、企业可支配收入增加，达到促进消费、投资，增加就业等目的。货币政策是指中央银行通过调整存款准备金率、拆借利率、汇率、公开市场操作等货币手段，间接增加市场中的流动性，刺激经济增长。在各国推出的应急经济政策中，美国推出的政策最集中、规模最庞大，这与美国是金融危机发源地，规模最大经济体地位有关。以美国为例，主要包括以下几类：

一是退税或者减税政策。2008 年 2 月美国联邦政府最早推出的 1680 亿美元经济刺激计划，主要内容就是各类退税政策。通过向购房者、商品消费者、企业等市场主体实施退税政策，旨在达到间接解决流动性、提高消费能力的各类应急性政策。

二是直接注资政策。这是一种更为典型的直接干预政策，包括央行向金融系统注入资金，政府直接持有问题金融机构的股份（如持有AIG股份总额的79.9%），购买金融机构不良资产等直接注资措施。这些政策显然与西方社会长期以来，在经济领域中奉行的新自由主义不干预宏观政策，是截然不同的政策选择。

三是加强监管和国有化政策。这说明美国政府对经济的干预已经由以往的纯粹经济手段，转向加强政府管理的措施迈进。这类措施包括政府成立联邦住房融资机构，直接接管房利美和房地美。同时，直接接管AIG，有权否决普通和优先股股东的派息收益，实际上已经实现了国有化。如果说注资等措施不过是一种间接介入企业经营的过程，那么有些监管甚至国有化措施，则标志着与传统的宏观调控政策渐行渐远。针对奥巴马为应对金融危机所推行的各类应急性经济措施，美国保守派称“奥巴马同志”为“优秀的社会主义宣传者”，甚至称他想建立“美利坚社会主义共和国”。

四是增加流动性和贷款支持政策。不断调低联邦基准利率，成为美国应急政策的核心性措施。除了这种被动性的应急政策外，美国也启动了诸如提供消费贷款和小型企业贷款支持的一些直接干预市场运行机制的政策，这显然与以往的新自由主义政策有着很大的不同。

五是提供补贴和现金政策。范围涉及低收入群体、未成年人、环保产品、汽车行业、各类消费，甚至发放具有现金功能的消费券。实施这类措施的，主要是美国之外的其他国家和地区。

六是国家的直接投入政策。日本、中国、法国等传统上具有较多政府介入经济的国家，不限于单纯的注资、补贴、监管等措施和行为，还成为直接经营的市场主体，包括建设高标准住房、交通、能源等基础设施。

（五）中国的危机应对政策

2008 年第四季度，面对全球金融危机愈演愈烈的局面，我国推出了积极的财政政策和适度宽松的货币政策。同时也提出了“出手要快，出拳要重，措施要准，工作要实”的十六字方针。

1. 需求侧的十项扩大内需措施

计划用两年时间增加 4 万亿元的直接投资，主要用于“三农”、交通等基础设施、节能减排、保障性安居工程和各项社会事业等五个方面。

2. 供给侧的十大产业振兴规划

为实现保增长、扩内需、调结构，制定了包括钢铁、有色金属、装备制造业、汽车业、船舶制造业、石油化工、纺织、轻工业、电子信息业以及物流业在内的十个重点产业调整和振兴规划，扭转遏制了经济加速下滑的局面。

3. 加大金融支持经济发展力度

从 2008 年 9 月开始，中国人民银行先后五次下调基准利率，并四次下调存款准备金率，保持了经济中的充分流动性，促进货币信贷的持续增长，为经济增长提供了金融支持。

4. 财政税收及就业惠农政策

积极促进增值税转型、成品油和税费改革、医药卫生体制改革，加大惠农和农业补贴政策。

通过上述政策的实施，我国经济在世界经济体中率先复苏，实现了经济增长，并改变了经济下行的局面。在基础设施方面进行的投资为中国经济的可持续发展奠定了基础，产业政策的实施推动了我国经济增长。但是这些刺激政策的实施，也使我国结构性矛盾对刺激政策的依赖性增加，基础设施投资也加剧了地方债务风险，并造成了某些行业的产能过剩。

三、对全球金融危机的反思

无可否认的是，由于金融危机根源于市场经济本身所固有的内在矛盾，如果仅用“风险—监管”的原始分析框架，已经很难对危机做出本质上的把握。[①] 与此相似，仅仅用经济学需求—供给的解释框架，也同样很难诠释 2008 年金融危机的全部情形。与 2007—2008 年次贷危机、金融危机乃至全球性经济危机相伴随的是：经济学、现代金融理论，甚至整个社会科学都暴露了经济预测能力的欠缺，危机过后的经济学界集体失语。对此，张晓晶认为“危机是对经济制度的挑战，更是对经济学本身的挑战，经济学尚无法把握这个不确定性的世界”[②]。中国鉴于各个决策咨询机构在金融危机之前，出于唯上不唯实、本位主义、利益主义，做出不准确预测的情形[③]，决定成立“中国国际经济交流中心”，作为最高级别的“超级智库”，以求在国家经济和社会发展的预测中发挥更有效的指导作用。

但是，值得指出的是，如果不进行方法论上的革命，仅仅按照行政管理模式，“不换思路就换人”的办法，仍然难以提高社会科学，尤其是经济学对于现实问题的解释力。笔者认为，近代社会科学的研究方法是在近代物理学方法论的基础上发展而来的，近代物理学的一个重要特征就是线性的思维方式，在方法论上以过去和现在的经验数据预测未来。但是，现代科学新发展表明，这种线性的思维方式难以适应新的经济、社会复杂系统的运行模式要求。比如，反映现代复杂系统运行规律混沌理论的两个特点主要是：未来的不可预测性和系统对

① 参见赵磊：《对美国次贷危机根源的反思》，《经济学动态》2008 年第 11 期。

② 张晓晶：《次贷危机的警示：经济学家还无法把握这个不确定性的世界》，《经济学家茶座》2008 年第 3 期。

③ 参见姜艾国：《为何经济学家遭质疑》，《瞭望》2009 年第 11 期。

于初始条件的敏感性。尤其是后者，几乎成为现代系统不稳定性，乃至危机爆发最主要的起始原因。不进行这种思维方式上的创新，也是人们难以对金融危机进行预测，更难以对经济和社会管理实践提供有效参考作用的根本原因。

第五章 当代重大经济风险的财政视角

习近平总书记指出，财税体制改革不是解一时之弊，而是着眼长远机制的系统性重构。主要目的是明确事权、改革税制、稳定税负、透明预算、提高效率，加快形成有利于转变经济发展方式、有利于建立公平统一市场、有利于推进基本公共服务均等化的现代财政制度，形成中央和地方财力与事权相匹配的财税体制，更好地发挥中央和地方两个积极性。财政既是庶政之母，也是公共风险的多发和集中领域，其他领域的风险也往往通过财政收支表现出来。通过对公共资金渠道、过程、现状的分析，将为我们更好地防范化解重大经济风险提供有效的思路。

一、风险视角的公共资金融通特征

当代社会公共管理和服务的公共资金融通面临与以往不同的制度环境，最大的不同是风险社会下公共融资本身也在不断带来不同类型和领域的风险。这些风险与公共资金融通特征结合在一起，主要包括收支先后的风险、资金规模性风险、资金渠道性风险、资金性质（公益性、非营利性）风险、资金市场化增强的风险等诸多方面。

（一）收支因果关系风险特征

公共资金的收入和支出关系，一直以来就是理论研究和财政实践领域的热门话题。2000 年前，人们就开始了究竟是“量入为出”还是“量出为入”的探讨，收支关系更是近 20 年学术界研究的热门话题。[①]收支之间的关系不仅反映了不同的公共资金融通理念，更是反映了不同的公共风险观念和实践取向。

1. 收支先后反映不同理念

政府通过税收、收费、公债和经营等形式，向社会成员或机构获取收入的目的是供给公共管理和提供服务。从这个意义上看，收入取得应以弥补公共管理和服务的生产成本为限，也就是说公共财政中要做到“以支定收”。在市场经济条件下，政府通过了解、测算公众的现实需求，确定公共管理和服务提供的规模，在此基础上确定相应的公共支出规模。在公共支出规模确定的基础上，确定公共收入的规模，根据不同的资金使用情况和支出方式，确定相应的收入形式。如果当年收入不能满足支出需求，还要发行公债，并将公债本息摊入到未来的税收和收费。项目存续期内有收入的，还可以采用收费形式，摊销成本。“以收定支”则是按政府能征得多少收入，就安排多少支出，收入则是按更具固定的比率收取的，至于这个比例，大体上参照全国或其他国家的比率。支出多少数额，就提供多少公共管理和公共服务，不用事先考虑社会公众的公共需求。这两者代表了不同的公共管理和服务供给程序模式和财政收支理念。[②] 由于财政收支的不同顺序，使带来的风险后果也有差异，所以显示了不同的风险观念。

2. 收支关系的不同公共风险

“以收定支”的模式是由政府根据现行体制规定框架，依据国家强制力取得公共收入，根据公共收入确定公共支出数量，然后按照国家意愿提供给社会公众，往往与社会公众的需求不直接相关。在“以收

---

① 参见郭婧、岳希明：《财政收支因果关系研究文献综述》，《金融研究》2017 年第 2 期。

② 参见徐阳光：《如何实现“以支定收”——新〈预算法〉理财观解读》，《税务研究》2015 年第 1 期。

定支”的情况下，收入支出一般不会产生太大的差额，与平衡性预算模式相联系，一般不存在收支差额巨大的风险因素。这与早期人类社会的治理理念和支出范围有关。早期的人类社会支出相对简单，也较少有大型工程、市政设施、公共建设等方面的支出项目，因此跨期支出较少，也不需要通过债券工具进行跨期调剂，更不会介入资本市场进行资金融通。“以支定收”是现代政府公共活动的基本行为准则，它从公共需求出发确定支出规模，取得公共收入，进行公共支出，进而向社会公众提供公共产品。“市场经济—社会公共需要—政府职能—财政支出—财政收入的关系链，就是构建公共财政框架的基本线索，所以说，‘以支定收’实质是公共财政框架的灵魂。”① 这既与市场经济条件下，政府提供公共产品和公共服务有关，也与后工业时代风险社会带来的支出范围、支出形式的变化有关。由于很多财政支出项目的跨期特征决定了以年度为基期的税收很难满足这些需求，而且随着技术的进步，原来因公共产品、准公共产品的不可分割特征，只能通过税收或公债补偿支出，无法通过收费、经营性方式取得收入的项目，也开始有了新的变化。例如，城市给排水、城市道路等公共产品或城市供暖等准公共产品。

3. “收”“支”形式变化产生风险

本书提到的“以支定收”和“以收定支”的“收”“支”概念有不同含义：传统的政府收支的“以收定支”中，“支”仅仅表示政府财政支出，“收”是指具有行政、强制、固定、无偿等特征的税收、收费和国有企业利润等形式，国家掌握了国民经济剩余直接、全部的分配权利。从“以支定收”角度来说，“支”只是以社会需求为基础的公共管理和服务提供的外在表现形式，其根本作用不在于“支”，而是支出背后的公共管理和公共服务的生产和提供，以及更深层次的社会公共管

① 高培勇：《“量入为出”与“以支定收”——关于当前财政收入增长态势的讨论》，《财贸经济》2001 年第 3 期。

理和服务需求。“收”是由契约化、分权化的税收、公债、收费、转移支付，甚至资本市场运作等多样化收入形式构成，它强调收支权利义务的对等性、双向性。收支形式的变化，使现代社会条件下的收入具有多样性，支出具有义务性甚至强制性，这就带来了多样性收入状态下的风险多样化和公共风险范畴的扩张。支出因为根源于社会需求，社会需求又具有强制性和成长性，因为组成社会的个体需求是不断增长的，所以就带来了日益增长的刚性需求和相对稳定的刚性收入之间的矛盾，矛盾的发展和差距的扩大，将会带来潜在的巨大风险。

强调“以支定收”的重要地位和作用，并不必然完全否定“以收定支”的存在价值。“以收定支”可以作为财政管理的具体原则，在总预算确定以后，具体公共管理和服务供给财务风险控制中仍然有其存在的特定价值。两种管理原则的关系是，按照“以支定收”的原则，确定公共产品的种类、数量、标准；按照“以收定支”的原则，对公共管理和服务提供进行风险财务控制，是防范化解重大风险的基础性工作。

（二）融资自身伴生风险特性

公共资金的收支顺序、内在性质和收支形式差异，能够带来公共风险。同时，公共资金在使用过程中的一些外在表现形式，如资金规模化、来源渠道多元化、融资方式和资金性质（公益性和非经营性）等特征，也是公共资金潜在风险发生的根源之一。

1. 资金风险暴露多

绝大多数公共管理和公共服务的资金融通都具有规模巨大的特征，这与公共管理和服务的基本特征是联系在一起的。无论是地方还是全国性公共管理和服务，都在很大程度上具有非竞争性和非排他性的特征，这就决定了它应当是供给不特定的多数人共同、长时期、无差别进行消费的产品和服务。进入后现代工业社会后，全球化、城市化成为人们越来越常见的生活方式，大型公共设施、设备建设运营，在公共支出中的比例越来越大。这样使得多数公共管理和服务从物理特征上看，往往占用空间大、存续时间较长、物质资源耗费多。比如，城市给排水设施、市政道路、垃圾转运设施、城市绿化带、城市管廊等典型的公共产品。公共产品和公共服务的使用者、时间、空间、资金量等方面的增加，使风险暴露量剧增。正是公共管理和服务的物理特征带来的风险暴露增加，容易产生不当使用、投资失误、变现障碍等方面的公共风险。这种不当使用和投资失误，能够使小的风险成级数放大。规模、数量巨大所形成的资产规模性，也可能使得在需要进行资金变现或转移的时候难度加大，带来的公共风险同样巨大。

2. 渠道多元化风险

参与公共产品的融资主体包括政府机构、社会组织、企业甚至个人，随着公共管理和服务提供和生产的体制改革，将有越来越多的组织和个人介入公共管理和服务的供给过程，形成了多元化的公共管理和服务融资主体的特征。多元化的主体参与公共管理和服务融资的动机和需求也各不相同，不同的诉求带来资金使用的方向性冲突。另外，公共管理和服务融资形式主要包括税收、收费、发行债券（包括国债和市政专项债券）、PPP 项目贷款、债券市场、私人资金、企业资金、政府间的转移支付等。虽然我国近年来出于财政风险管控需要，限制应用某些形式的公共资金，但相比以往改革开放之前甚至初期，其形式也已经大为丰富，但是这种形势丰富带来的风险也是与日俱增的。国外一些发达的市场经济国家，政府的公共资金所涉及的范围更广，几乎是企业经营领域中所能用到的所有融资形式。在有些国家，资本市场上一些比较前沿的期权和证券回购交易[①]，都长期被政府机构，尤其是一些地方政府用作公共管理和公共服务的资金融通工具使用。

---

① 1994 年 12 月，美国加州的奥林治县政府因损失 17 亿美元而破产清算案，就是从事的债券回购交易。

随着我国市场经济的发展，地方政府收入的来源形式必将多样化，除了传统形式外，其他各种路径也必然增加，带来公共资金多元化风险。

3. 筹集方式内在风险

公共资金筹集的基础方式依然是税收，传统税收理论认为税收的内在特征是固定性、无偿性及强制性，这是对传统税收征管环节及其形式的直观认识。在现代财政制度下，应当从税收使用、税收征管及税收设定三个方面理解，这三点往往是通过税收法定衔接的。[①] 除此之外，税收作为最稳定的制度，还有一个特征就是可预期性，因而也是风险最小的方式。这使各级政府可以获得稳定的资金流，用以满足基本公共管理和服务供给对资金流的稳定支出需求。其他收入形式也都有其内在特性和适应领域，因而都有其存在的必要性。比如，收费形式的成本负担和收益获得的对应性强，受益者明确，运行成本低、效率高，风险也比较小；政府间转移支付，具有平衡公共服务水平差异的作用，既是保证公共管理和服务供给均衡性的基本手段，也是降低风险的基本手段；私人、企业通过志愿服务、个体捐助等形式提供的公共服务，具有公益性强、管理成本低的特点；政策性金融组织、国际金融组织借款形式，可以通过第三方对财务过程的介入，起到从多侧面加强监督管理的作用。

针对债券发行的自身特性而言，具有收入来源充分、筹集额受预算限制少等特点，适用于收益性强的项目。但是在改革开放后的很长一段时期，我国债券发行比较混乱，带来了巨大的财政风险，进入 21 世纪以后开始逐渐规范。在 2014 年修订的《中华人民共和国预算法》和《国务院关于加强地方政府性债务管理的意见》两项法律法规中，就已经直接赋予了地方政府适度举债融资的权限。但地方政府的举债也只能通过发行一般债券和专项债券来举借债务，已经无法通过其他

① 参见陈传明：《现代财政制度下的税收特征分析》，《企业改革与管理》2016 年第 3 期。

渠道借贷资金。2015 年、2016 年，财政部先后发布了地方政府专项债券发行管理、预算管理等两个制度性规定，对专项债券的预算管理和发行管理等已经作出了初步规范。

4. 资金性质（公益性、非营利性）风险

公共管理和公共服务主要是满足非特定个人的共同需求，而不是单纯满足某个特定个人的个别需求，它具有公益性、非营利性的特征。有人认为，非营利性提供了一个具体标准，界定了政府与企业（个人）两者在共同活动中的各自参与程度。① 划分政府、企业和个人的公益性与非营利性，实际上是针对一个问题的两个不同方面。正是公益性决定了公共管理、公共服务与公共资金筹集的两方面，在多数情况下只具有广义上的对价，不存在完全的一对一支付关系，所以技术上也不存在营利性的基础。同时，由于政府是接受社会公众的委托进行公共管理和服务供给，委托人和受益人属于相同主体，政府受托提供的公共管理和公共服务供给也应该具有非营利性，正是这种非营利性反过来也保证了其公益性。公共资金的公益性往往有多方面的无形效果，诸如均衡发展、充分就业、平衡分配等经济公平，教育培训、生态健康等环境与人的发展，社会稳定、国家安全等安全稳定方面等。不同的人关注公益性的侧重点不同，因此会有不同选择的矛盾和冲突，协调难度也大，带来的风险因素也复杂。1994 年的分税制改革，使卫生防疫系统不再享受国家财政的全额拨款。直到 2003 年非典以后，才逐步取消了营利性收费项目，退出市场化投资与经营，公益性、服务性色彩逐渐浓厚。②

（三）市场化过度与不足并存

在公共资金的归集使用过程中，既存在着技术发展使政府公共产

① 参见杨良初：《我国公共财政及其职能问题的研究》，《财政研究》2003 年第 9 期。

② 参见曾光：《论公共卫生和疾病预防控制系统改革》，《中国应急管理科学》2020 年第 3 期。

品和公共服务提供过程的市场深化成为可能，也存在市场化过度和不足带来的一些问题，这些为我们对财政风险分析提供了新的视角。

1. 技术进步使市场化加深

初期的公共管理和服务的资金归集和支出，只是在经济理论公共产品理论视角下模拟市场主体和市场过程的行为，将公共管理、公共服务、公共工程等视作类似于产品市场的产品；政府则类似于产品市场的生产者，承担直接生产，或提供产品的过程。随着技术进步和融资手段的创新，公共管理和公共服务融资的真正市场化过程增强。公共管理和公共服务的非排他性、非竞争性、不可分割性是市场机制发挥作用的障碍，但随着技术进步，成本低廉的排他性手段已经具备，公共管理和服务的个人消费利益被科学分割，排除非支付者消费成为可能。如供暖计量表的发明，使住户享受的供暖服务可以分户计量，并由受益人按对价支付，供暖逐渐由带有很大程度上的公共性质的管理和服务，变成可以市场化的私人产品和服务。有的公共管理和服务虽然整体特征没有变化，无法具备市场机制发挥作用的条件，但可以对供给过程进行划分，将适合市场化的部分剥离出公共产品供给领域。比如，在电力供应领域中，将发电生产和输电电网分开，输电电网建设由政府投资，发电企业由私人进行投资，实行竞价上网的方式进行销售。国防公共管理和服务供给中，通过进行军工企业军民融合改革，逐渐将部分非武器类装备生产、后勤保障、生活服务等领域的生产进行市场化。

2. 市场化的过度与不足

政府等公共组织区别于企业的主要特征就是公益性和非营利性。近年来，世界范围内各国政府将市场化手段引入公共管理过程，对政府进行改造，旨在提高政府效率，但是这并没有改变政府的公益性质。在我国一些公共管理和服务融资中，基础教育、农村公共设施、基础科学研究等都存在市场化过度情况，有些甚至将追求利润作为第一目标。比如，医疗公共服务应该既包括市场部分，也包括公共服务部分，改革中应严格进行区分。但从改革开放初期至20世纪90年代末期，某些地方政府医疗体制改革片面追求市场化，在没有建立基本医疗公共服务保障体系，又缺乏合格的市场化主体情况下，不少地方将乡镇医院直接出售给个人进行经营；有的市级雄厚的医疗机构，凭借多年公共投入和垄断形成的优势进入营利性医疗市场领域，也阻碍了真正市场化主体的形成。这些制度安排，使医疗卫生的市场领域难以生长，也使政府应承担的基本医疗、公共卫生服务缺失。2000年，世界卫生组织（WHO）在对191个成员的卫生筹资与分配公平性评估排序中，我国列第188位。[①] 更有甚者，在20世纪末、21世纪初的部分年份，有些地方和部门在行政执法中，以部门利益、小团体利益为目的，以罚代法、以执法搞创收，将公权力市场化。后来随着“收支两条线”的改革进程，尤其自2011年起，预算外资金完成了几十年的历史使命，代之以政府非税收入，尤其是对各类政府公共资金实行全面预算管理，最终使包括收费在内的非税收入规范化。[②]

虽然在一些公共管理和公共服务供给中存在市场化过度现象，但公共管理和服务供给的市场化不足问题更为严重。政府成了许多公共管理和服务唯一的、最大的投资者，承担了本该市场化投资的巨大风险。例如，改革开放以来，在中央和地方公共资金投入有限的情况下，高资金密度、大规模强度的铁路建设融资是以负债形式为主实现的，导致债务规模不断扩大。铁路建设和经营的资产负债结构不合理，企业化经营后的铁路总公司债务负担不断加重。同时，近年来铁路建设密集开工，新线路比重不断提高，大量线路建设并非按市场原则决策，加上新线路在市场培育期和经营成长期，还本付息、运输经营等化解

① 参见丁姿：《我国医疗服务供给方式的变迁与改革路径》，《宏观经济管理》2016年第3期。

② 参见谭立：《政府非税收入收缴管理原则与完善措施》，《中央财经大学学报》2014年第3期。

巨额债务风险压力巨大。[①] 从资产所有者权益角度，中国铁路设施基本上靠国有资本投入，外资和国内非国资很少涉足这一领域。尤其在地方层面上，铁路行业至今没有实行政企分开，国家层面的铁路总公司在铁路行业依然占据绝对垄断地位。[②] 除了铁路行业外，石油、能源、电力等行业，都面临着类似的风险问题。

3. 过度与不足双风险分析

市场化过度、市场化不足两种相反的趋势实际上源于一个根源，即公共部门和机构中的非公共利益大量存在。我们注意到，凡是市场化过度的，常常不是整个领域完全被推入市场，而是将面向公众提供服务的终端环节市场化，市场化的利益由少数部门或群体获得；市场化缺乏往往是指在市场准入环节、建设资本投入环节没有实现市场化，部分单位和群体享受垄断利益。这些行业中，通常会导致这样的后果：一方面，国家承担了大量公共投入，并禁止其他主体的进入；另一方面，这种投入或补助形成的公共管理和服务在以市场化的手段向公众提供。

从这个意义上说，市场化过度和市场化不足，是两个相反的趋势，却有着相同的原因。比如，一些地方的医疗机构是市场化过度的典型，前端的建设资金靠国家大量投入，并长期禁止其他主体进入，形成了各大医院的优势地位和长期声誉，从业人员享有国家体制内的身份和待遇；但各大医疗机构却在利用这种多年投入、长期国家信誉进行医疗产品的市场化提供，末端的公众医疗服务越来越市场化。这些不足和过度并存的现象，给公共资金融通带来了巨大风险。

二、我国公共资金收支的若干脆弱性

通过对公共资金融通中的收支关系、自身特色及其市场化程度等

---

① 参见黄民：《关于新时代铁路发展改革的若干思考》，《铁道学报》2019 年第 6 期。

② 参见杨娟、郭琎：《我国垄断行业改革进展与深化思路》，《宏观经济管理》2019 年第 5 期。

方面带来的公共风险进行分析，认识公共资金融通一般过程中的公共风险所在。从公共融资现状的角度，认识我国当前公共资金的收入刚性、融资层级结构、税收配置结构和公共机构体制异化等方面的风险现状。

（一）公共资金的收入刚性风险

在世界范围内，随着20世纪80年代新公共管理运动，以及治理主体的多元化，公共资金的筹集渠道也日益丰富，包括税收、收费、基金、发行债券（包括国债和市政债券）、政府间转移支付、银行借贷、工商企业（捐助或直接提供）、社会组织（基金等）、个人资金（慈善捐助）等多种形式。其中，税收收入在大多数国家依然占政府公共资金筹集渠道的主要部分，非税收收入占较少部分。在同一国家内部，各级政府非税收收入比重一般会呈现出越向下越大的规律，中央政府收入一般以税收收入为主，还包括部分公债。

与改革开放初期相比，目前我国公共资金融资渠道日益丰富，其他主体参与公共服务提供的也越来越多。1995年，上海浦东新区首先实行了向社会组织购买公共服务尝试，随后北京、江苏、浙江、广东等各地方政府也开始了探索，领域涉及教育、文化、公共卫生、残障服务、扶贫、养老、社区矫正、环保、城市规划、社区发展、政策咨询等各个方面。[①] 参与主体的多样化，带来的是融资形式和渠道的变化，也使收入弹性和韧性增强。虽然2014年修订的《中华人民共和国预算法》给予各地方政府发行债券的权力，但是与各地投资发展的强烈愿望依然不相匹配。各地虽然没有完整的发债权，但是通过推迟财务结算周期、延付工程款项、暂缓职工工资、缓建公共工程、减少公共服务项目支出、向上级财政借用周转金等多种财务形式，形成隐蔽

① 参见苏明、贾西津、孙洁等：《中国政府购买公共服务研究》，《财政研究》2010年第1期。

化的、事实上的债务，也不违背有关债务管理的法律法规规定。在经过 2005 年农村税费改革后，清理乱收费，《中华人民共和国行政许可法》颁布实施，近年来加强债务管理和问责等措施后，政府公共资金筹集形式的规范性增强，税收收入所占比重在整个财政收入的比重大增。与此相伴而生的是，各级政府的收入刚性逐渐增强、弹性缩小，应对风险的韧性降低。公众的公共管理和服务需求一般呈现边际增长态势，同时应该表现出不断发展、动态变化、灵活调整的特性，这是增强系统抗冲击的弹性，而且在缺乏必要收入来源的情况下，地方各级政府及时抑制了制度外解决途径，然而一旦死灰复燃，将会形成巨大的财政风险。

（二）融资层级结构风险

改革开放以来，随着财税体制改革的不断完善，我国公共资金在各个层级政府间的分布结构逐步合理化。中央政府的财政能力经历了 20 世纪 80 年代的下降后，经过 1994 年的分税制改革迅速提升，但是县、乡镇等基层政府公共资金的筹资能力与其支出水平不相适应。对我国政府间收入结构研究及其实践的侧重点，主要集中在中央和地方政府之间，历次财税改革的重点也主要集中在中央和地方政府之间，省和大部分市之间实行了分税制，地市级、县市级之间分税制改革有待深化，县和乡镇的收入分享更是被弱化，在农业税和“三提五统”取消后，乡镇级基本上没有主体收入来源渠道。在这一改革过程中，各省之间产生了财力上的不平衡，省份之间、区域之间的财政自给率存在巨大差异。

分税制改革以来，虽然整个财政收入占 GDP 比重、中央财政收入占整个财政收入的比重都有了大幅度增长，但是县、乡基层政府的财政收入却没有实现应有比例的增长，公共资金融资能力大幅度下降。21 世纪以来，我国先后通过推进财政改革、农村税费改革、行政审批制度改革、治理乱收费、收支两条线、清理乡村两级债务、加大问责力度等多项改革措施，加强了财政管理。一方面，这些改革都是很必要的，也基本上达到了预期效果，有力制止了各级政府的财政收支乱象。另一方面，这些措施基本上封堵了基层政府相对灵活的公共资金融资渠道，一个副产品就是乡镇政府公共资金筹资能力下降。

近年来，党中央一般公共预算收入增长率呈现一定程度的下行态势，出现了不稳定性风险，并影响了转移支付能力和宏观调控力度，甚至加大了发债比重①，但是基层政府所遇到的情况更为严重。由于我国政府层级之间带有很强的科层制层级管制色彩，上级政府不断向下级政府移交公共事务的支出责任，却往往不同时转移相应财权，或者在财权转移上大打折扣，导致基层政府融资能力下降的同时，支出责任却没有相应地调减，甚至责任范围不断扩大。

（三）税收配置结构风险

目前税收扮演了我国公共收入体系的主要角色，对税收结构的分析是公共融资分析的主要部分。1994 年税制改革、2002 年所得税税收分享改革、2005 年农村税费改革、2009 年增值税全面转型、2016 年营业税改增值税等各项改革，逐步形成了目前的税收收入格局，全国税收收入规模及占财政总收入比重不断增长，税收收入结构不断优化。在 1999 年，全国税收收入首次超过 1 万亿元，2003 年超过了 2 万亿元，2012 年的税收达到 10 万亿元。2012 年前，各年份税收收入增长速度大多超过了 20%。到了 2012 年以后，除了 2017 年达到 10.7%之外，其他年份的收入增长率都低于 10%，2019 年的增长率仅为 1%，如图 5 - 1 所示。

---

① 参见白景明：《科学认识中央与地方收入划分改革——基于增强收入稳定性的视角》，《税务研究》2019 年第 1 期。

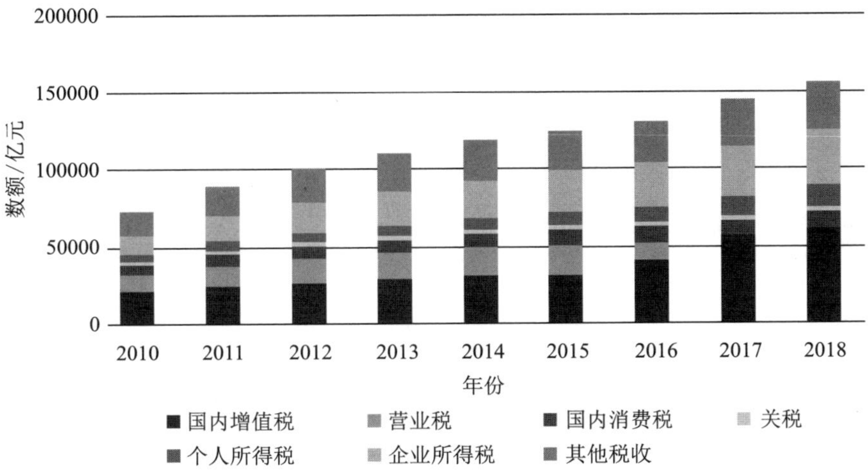

图 5-1　2010—2018 年我国各项税收变动

数据来源：国家统计局网站数据库。

以 2018 年为例，增值税、企业所得税、个人所得税、消费税分别占全部税收收入的 39%、23%、9%、7%，四大税种共占全部税收收入的 78%，接近了全部税收收入的 4/5。2016 年通过营业税改增值税的改革，原属于地方固定税收收入的营业税被纳入增值税征收，减轻了企业负担，短期内也会增加地方政府的收入。从长期看，减少了地方政府收入的弹性空间，是一种相对非均衡的税制结构。在国外基层政府中比较重要的财产税类收入，在我国则主要作为地方固定税种的城镇土地使用税、耕地占用税、土地增值税等几个小税种，合计占税收总额的比重在 12%，为 18908.87 亿元，分别占税收总收入的比重从 0.1%到 4%不等，如图 5-2 所示。这些小税种在各地的分布是不均衡的。如土地增值税、契税、房产税、城镇土地使用税等与房地产相关的税种，大体上集中在房地产业发达的地区，绝大多数地方缺乏相应的税收收入，呈现分布的非均衡状态。

我国目前的主要税种一共有 18 个，数量多于一些发达国家。虽然各国税种普遍较少，但每级政府都有相应的主体税种。一般来看，所得税（包括个人所得税和公司所得税）、保险工薪税是各国中央政府的主体税种，销售税一般是州（省）政府的主体税种，财产税（以不动产为主）是地方政府的主体税种。很多国家的各级政府都有税种开征权，既解决了各地由于税源分布不均衡带来的公共资金筹资水平差异，也解决了税收不平衡带来的税收收入风险问题。

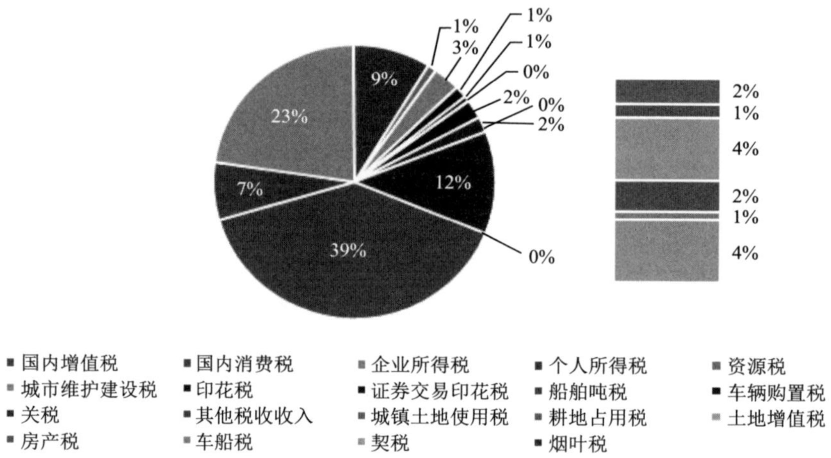

图 5－2　2018 年全国各项税收比重

（四）公共机构体制异化风险

公共资金与相应的政府公共服务职能配置密切相关，在很大程度上服务于政府职能。我国“军改”成功的一条重要经验就是“聚焦打仗”，改革过程中的各种人员改革、力量调整、战斗编成等各方面，都向打赢现代化条件下的局部战争，能打仗、打胜仗方向聚焦。我国党委、政府机构改革的政策目标、机构构成、人员结构等各方面，也应该向做好公共管理、提供公共服务方面聚焦，以避免事权不合理配置带来潜在的财政风险隐患。

1. 政策的体制内倾向

内部人控制是企业经营领域经常出现的问题，就是由于组织机构的所有者和经营者存在利益差异，加上企业经营中信息不对称现象的存在，经理层相对于投资者掌握更多信息，导致企业偏向于经理层利益的现象。政府公共管理和公共服务资金的最终决定权应当属于全体人民，政府工作人员应当代表人民群众的利益实施管理和服务。但是，在监督缺位、激励机制不合理、人员素质偏低等多种因素作用下，尤其加上体制内人员更了解政府运行状况，“内部人”优势话语权等方面风险的存在，导致反映这些内部人利益诉求的话语常常能够成为主流声音，而且掌握执行权的优势往往又能够将这些主流声音迅速转化为可执行政策的体制内倾向的个别现象。因此，通过有效的制度设计，防范类似“内部人”控制现象的出现，也是防范风险的目标所在。

2. 组织结构有待优化

政府的主要职责是提供特定的公共管理和公共服务，政府各部门的机构设置要围绕各自的整体基本功能进行。但是，政府治理中的碎片化现象严重，在组织结构上注重局部环节而缺乏整体理念，忽视甚至牺牲政府的整体使命和目标，职责分工过于细致的结果反而违反甚至背离了整体目标。[①] 比如，在政府各部门内部设立了大量培训中心、管理中心、后勤服务中心，报社、出版社、协会、学会甚至经营性企业等，虽然这些非核心职能有其存在的必要性，也有其存在的历史原因，对提升管理和服务水平也有其特定作用，但这些机构的预算规模应该多大，是否通过全部预算资金方式支付、业务范围和业务量多大等，确实值得认真研究和考量。在个别地方，这些机构甚至成为安排人员、满足部门自身业务外需求的机构。有些下属机构的业务范围与所属部门监管范畴有一定关联度，这就更容易破坏管理秩序，这种情况下的公共资金支出就丧失了公共性。

3. 人员结构不合理

从财政资金支出的角度看，人员结构的不合理造成公共资金的效

① 参见黄小勇：《机构改革的历程及其内在逻辑》，《行政管理改革》2018 年第 5 期。

率不高，公共管理和服务水平低，远比通常所说的“财政供养人员”[①]过多的问题严重，也是带来财政风险的重要根源之一。按照通常理解，如果某个行业的从业人员过多，在劳动生产率不变的情况下，带来的应该是某种产品供给过剩。公共机构如果人员过多，就应该带来公共管理和服务供给的过剩。但总体而言，我国公共产品和公共服务的供给非但没有过剩，反而在很长一段时期、很多地方呈现出不足的局面。这在一定程度上说明一个问题，即公共管理和公共服务供给结构不合理，内在的工作人员构成不合理，需要像经济领域一样实行供给侧结构性改革。因此，除上述非从事公共管理和服务供给辅助性职能机构超常规占用编制、消耗财政资源外，人员结构上的不合理主要表现在直接从事公共管理和服务提供的人员中，辅助性人员、领导岗位人员过多，没有实现最富效率的扁平化管理模式。在资源浪费方面，这些都带来了财政支出的潜在风险和脆弱性。

三、公共资金筹集渠道及脆弱性防控

政府公共资金的筹集渠道主要是指各级政府财政资金的筹集途径，包括税收、规费、基金、转移支付、公共账务融资、政府资产融资及社会组织捐赠等多种形式，这些形式本身也面临着改革，在制度设计中应当嵌入新的防控风险和避免系统脆弱性的制度设计。

（一）改革公共会计制度

重大经济风险的防范化解，增强体系的韧性要从基础的制度层面做起，政府公共资金财务基础的会计制度，就是这种基础性制度规范。

① 财政管理中常用的统计口径：“财政供养人员”是一个有特定时代特色、文化含义的概念，意味着财政收入的目的就是为了人员供养，在根源上与计划经济条件下的“以收定支”的理财思想相关。在“以支定收”的财政收支模式下，公共资金筹集收入服务于公共产品和公共服务供给，而非人员供养。

从 2011 年开始，我国开始了权责发生制政府综合财务报告试编工作，到了 2014 年国务院批转了财政部《权责发生制政府综合财务报告制度改革方案》，开始了政府综合财务报告制度全面改革。改革的目标在于权责发生制在政府会计核算的基础上，编制和报告政府资产负债表、收入费用表等报表，提高政府财务收支、会计信息公开水平，推进国家财政的治理体系和治理能力现代化。

这一改革从根本上确立了公共融资的会计基础，为防范化解重大风险奠定了坚实的基础。虽然收付实现制（Cash Basis）长期以来都是世界各国财政管理中主要采取的核算基础，但在 20 世纪 70 年代开始的“新公共管理”（NPM）运动推动下，很多国家在政府预算会计中运用了权责发生制（Accrual Basis）。世界经济合作与开发组织（OECD）中的国家使用得最为广泛，其成员国一般在政府财务报告中采用了权责发生制。两种会计制度基础有根本性区别，主要体现在对于公共融资渠道的认识上。权责发生制以法定义务、权益享有作为会计责任依据，使一些非现金交易的融资方式进入公共融资管理范畴，为融资活动奠定基础，也成为公共融资改革的方向。权责发生制的引入，使政府财务报告能够真实地披露政府实际负债和支出，而非只是表现为货币形式的账面收支。这种会计核算形式的改变，能够健全控制系统和加强政府预算管理，完善关键信息披露，能够更主动、有效地防范化解财政风险。

（二）税收制度改革与优化

进一步完善分税制财政管理体制，一是真正落实税收法定原则。税收法定不仅仅是将各个税种的表现形式改成人大立法形式，更重要的是将立法、司法、守法形成一个完备的系统和体系。政府税收征收行为被纳入法制的轨道，税收成本是政府重点考量的因素，税收遵从成为人们的习惯和社会的普遍行为准则。二是调整税收收入结构。进行增值税、所得税类、财产税税收结构性改革，调整公共管理和服务融资结构。2018 年，我国所得税税收收入占总税收比重为 28%，流转税的比重高达 58.75%。流转税比例偏高，其中增值税比重更是偏大，所得税类税收在我国税收体系中的地位尚有提升空间。通过流转税类税收转型，不仅实现促进投资和经济结构调整的目的，而且逐步实现税收收入结构的合理化，降低产品和劳务税收的比重，增加所得税类、财产税类税收的比重。通过进一步改革，将增值税向一般消费税方向转化，改善税收收入结构，最终实现对经济增长的税收中性原则。① 三是培育各级政府的主体税种。与政府层级、区划改革调整，逐步形成与公共财政职能相适应的，各级政府享有的大宗、稳定，与事权相配套的税源。主体税种的作用在于增强各级政府对预算收入的可预期性，便于根据居民公共需求对公共管理和服务供给做出合理安排。中央以增值税、消费税和所得税为主，省、市政府原有的主体税种是营业税，2016 年正式营改增以后，大多是共享税收；县、乡政府在 2005 年前，尚有农业税作为县乡级政府，尤其是乡镇政府的主要收入，但后来一直缺乏主体税种。应通过税制改革，逐步建立不动产税制，形成中央以增值税、所得税收入为主，省级政府以消费税为财政支柱，市、县级以财产税为主要财源的税收收入格局。四是降低税收的公共资金筹资成本，集中税费征收权限。仅从税务机关税收成本的角度看，公共融资成本逐年降低。社会保险规费已经逐步实现了税务机关征收，2018 年国地税合并更是极大地降低了整个征收成本。今后，除了极少数公共服务提供行为与费用收取同时进行外，其他规费收入应逐步由同一征收机构征收，以降低税费征收成本。五是赋予地方有限制的税收管理权限，主要包括在中央统一立法限制的条件下，地方税种选择权、设税权、立法权、税基和税率调整权、部分税种的停征权等。增

① 参见樊勇：《进一步深化增值税改革》，《财政科学》2019 年第 10 期。

加地方政府财政收入，为地方公共管理和服务提供稳定的资金来源，也使地方政府公共融资行为具有相应的灵活性。

（三）行政收费和政府性基金

虽然按照公共管理和服务理论，任何一种公共收入的取得都是以公共产品提供为对价。从这个意义上看，所有公共产品的提供都应与公共收入具有对等性，作为收入形式的收费和基金如此，税收也应该一样。但是，采用收费筹资方式的公共管理和服务，政府服务受益者的偏好更加容易显示出来，而且由于某些服务受益范围仅限于局部，其成本由非受益人承担的可能性不大，采用收费方式比税收更有效。收费和税收的根本区别在于国家给付的“可归因于个人性”，具体表现为额外成本、个别受益和经济诱导性等。[①] 外在表现为房屋与支付的对等性程度差异：一是多数收费缴纳所对应的公共管理和服务是即时的，如交通收费在交纳了相应费用后，即可获得通行服务；二是所获得的服务是可以计量的，如工商执照工本费等，忽视这一特征将会混淆税费界限。[②] 通过收费形成的资金多采用专款专用形式，这种专款的汇集就形成政府性基金（当然，政府性基金也有特定目的税等其他来源）。基金和规费通常一起出现。设立基金的目的是保证项目所需资金的稳定性，使项目建设保持正常的速度，提高公共产品供给效率。但是20世纪90年代末期，我国政府性基金管理不规范，曾经出现了大约400多项政府性基金，而且脱离了政府预算管理体系，为此国家开始清理取消各类基金，目前仅保留了20项左右。

行政性收费和政府性基金公共融资方式的改革方向有三个。一是调整规费的设定权。不应按照行政层级设定规费的设定权，对于因公

① 参见王锴：《论行政收费的理由和标准》，《行政法学研究》2019年第3期。

② 参见朱海齐：《论行政规费》，《中国行政管理》2001年第2期。

共资源或公共财产所有权所收取的收费项目，应逐步归于行使资产所有者权能的相应层级政府；因公共管理和服务提供所收取费用的确定权，应逐步归于提供相应公共管理和服务的政府，以此保证所提供公共服务的数量和质量。二是将收费、受益之间的对应性、即时性不强，按照交纳人收入、财产或消费状况收取的项目，改变为按税收方式征收，一些地方性收费也可以改为地方税收。收费费率的依据应该是所提供公共管理和服务的数额，而不是消费者自身消费或财产收益状况，公共管理和服务数额无法确定的，应当纳入税收的范畴。三是将某些收费、受益对应性强的项目，改为经营性收费加强管制，有些不涉及垄断性的项目，交由市场解决。同时要建立收费的动态调整机制，随着市场状况和成本变化的情况进行调节，掌握消费者和经营者之间的平衡。

（四）政府间转移支付

1994 年实行分税制改革之后，按照制度最初设计的转移支付规模不断扩大。根据预算安排，2017 年中央财政对地方税收返还和转移支付 65052 亿元，占中央财政支出的 68.6%，占地方财政收入总额的 41.6%（见表 5－1）。这样大规模的转移支付比例，构成了地方政府公共融资的主要来源，该比例超过了世界上绝大多数实行分税制的国家。这种规模和比重的转移支付，应该使我国比其他国家具有更好的公共融资均衡化效果——因为对于内部差距巨大的国家来说，均衡化是转移支付制度设计的主要目的，但是各地的公共服务水平差距却在不断拉大，这种公共融资制度设计并没有达到均衡各地公共管理和服务提供制度设计的初衷，尤其是财政困难地区，并没有使很多县、乡两级政府的公共产品融资状况得到好转。[①]

① 参见王雍君：《中国的财政均等化与转移支付体制改革》，《中央财经大学学报》2006 年第 9 期。

表 5－1　几个代表年份转移支付结构表

			1994 年	2000 年	2005 年	2010 年	2015 年	2017 年
中央对地方转移支出			2389 亿元	7351 亿元	11473.7 亿元	32350 亿元	51709 亿元	65052 亿元
其中	税收返还	数额	2028 亿元	3335 亿元	4144.0 亿元	5000 亿元	5096 亿元	8023 亿元
		比重	84.9%	45.4%	36.1%	15.5%	9.9%	12.4%
	一般性转移支付	数额	—	279 亿元	1121.0 亿元	14625 亿元	26672 亿元	35146 亿元
		比重	—	3.8%	9.8%	45.2%	51.6%	54.0%
	专项转移支付	数额	361 亿元	2401 亿元	3517 亿元	12722 亿元	19941 亿元	21883 亿元
		比重	15.1%	32.7%	30.7%	39.3%	38.5%	33.6%
	其他转移支付	数额	—	1336 亿元	2691.7 亿元	—	—	—
		比重	—	18.2%	23.5%	—	—	—

数据来源：相关年度的决算报告。

其主要原因就是目前的转移支付制度设计与公共服务均衡化要求之间的矛盾，主要问题在于：一般性转移支付均衡效果虽明显，但结构并不合理。专项转移支付的种类过多，分配办法有待进一步透明，行政自由裁量权减少，造成分配不公；省以下转移支付制度缺乏，有的虽然已经建立，但是规范程度差。转移支付制度改革的目标应该是通过调剂地区之间的财政能力差异，建立均衡性拨款制度和进行专项拨款转移支付，均衡各地的基本公共服务水平。因此，要进一步完善转移支付制度和办法，提高科学化、法制化水平；要实行纵向、横向相结合的转移支付办法，尤其要建立横向转移支付制度；要适当调整转移支付的形式，减少专项转移支付。

（五）地方公共债务融资

现在从防范风险的角度看需要做的是，通过提高债务透明度、公共产品收益或地方经济增长带来的公共收入增加进行债务偿还，并拓展公共资金筹集渠道。债务发行也能够吸收过剩的流动性，减少一些热点行业的资金，防止经济过热，特定方式形成的投资可以刺激经济增长，控制经济下行。债务资金的经济波动调解工具，可以有利于宏观经济稳定，防范和化解经济波动的重大风险。从其他国家的经验来看，市政债券的发展也往往伴随着城市建设、公共产品提供规模扩大的进程。经过多年的规范以后，在地方政府公共管理和服务提供中，债务发行是一条重要的资金融通渠道。

为了规范地方债务管理，2014 年国务院发布了《关于加强地方政府性债务管理的意见》，目的在于完善地方政府债务管理体制机制，缓解地方政府隐性担保问题。同时，根据 2018 年最新修订的《中华人民共和国预算法》规定，制定了地方政府一般、专项债的发行权。虽然对地方政府，尤其是省以下地方政府而言，依然是一种不完全的发债权，但在规范增强地方政府债务融资权方面有了很大进步。一要处理好各类政府债务关系，区分政府性债务、政府债务、存量债务和新债务，也要处理好具体的一般债务、专项债和城投债等地方各类债务之间的关系。二要做好债务风险预警工作。首先要做好定期风险分析、识别工作，定期报告债务情况，同时要综合一般债务、专项债务、或有债务等因素，测算债务率、新增债务率、偿债率、逾期债务率等指标，制定科学的分析报告。三要做好债务的应急管理预案，对最坏的情形做好预警。通过完善责任追究，强化责任约束，并预设债务危机状态下地方紧急偿付资金的来源，通过控制规模、压缩经费、处置资产等进行偿还。四是建立各种基础性制度，包括信息公开、财务报告、预算约束红线、预警规范、应急预案、责任追究等方面风险防控的基础性制度建设。

（六）政府公共资产融资

我国各级政府的资产形式包括行政事业资产、企业国有资产，其中事业单位企业资产又分为国有企业、文化、金融等企业资产。截止到 2018 年，全国国有企业资产总额 210.4 万亿元，负债总额 135.0 万亿元，国有资本权益总额 58.7 万亿元；国有金融企业资产总额 264.3

万亿元，负债总额 237.8 万亿元，形成国有资产 17.2 万亿元。数量庞大的企业国有资产管理，也先后经历了管企业、管资产和管资本等几个阶段的变迁。行政事业单位的国有资产分为行政单位资产、事业单位资产。2018 年末，全国行政事业性国有资产总额 33.5 万亿元，其中行政单位 10.1 万亿元，占 30.1%；事业单位 23.4 万亿元，占 69.9%。资产形式以流动资产、固定资产、在建工程为主，占比分别为 39.7%、35.5%、16.4%。从中央和地方划分角度，86%的行政事业性国有资产属于地方所有。①

效率较高的商业融资方式有债权融资、股权融资和资产融资三种。前两种融资方式反映的是资产负债表右侧负债、所有者权益的活动，资产融资反应的是资产负债表左侧的固定资产、流动资产等活动。资产负债表中的负债反映了从银行取得贷款、发行公司债券等债权性融资活动；所有者权益则反映了发行新股、配股等权益性融资活动；固定资产、流动资产则是通过股权、债权融资取得的资产。对于公共融资来说，通过税收、收费等获得的无现金偿还义务的资金，性质与股权类似，而通过公债发行获得的资金，与债权性质相同，但是目前人们对于公共资产融资仍缺乏一定的认识。

为解决上述问题，一是坚持资产存量管理与预算资金流量管理的有机统一。规范资产配置、使用、处置、收益等全生命周期管理。将资产占用状况及处置、出租、出售等行为纳入统一的预算管理轨道，实行资产和资金的全预算口径管理。二是推动资产融通使用。总结各地探索建立“公物仓”等资产融通平台的有益经验，通过进一步完善资产管理制度建立有效的激励约束机制，推进特定资产的调剂余缺，共享共用。三是充分利用国有资产经营性收入和资产价值，将更多的

① 参见《国务院关于 2018 年度国有资产管理情况的综合报告——2019 年 10 月 23 日在第十三届全国人民代表大会常务委员会第十四次会议上》，《中华人民共和国全国人民代表大会常务委员会公报》2019 年第 6 期。

资产用在公共产品的供给上。可考虑划转部分资产、资本和股权收益，补充社保等民生资本的不足。

四、社会资本公共融资参与风险

在公共管理和服务的生产和提供中，发挥政府部门、其他公共部门、企业甚至个人的优势，合作提供或生产公共管理和服务。自 20 世纪 70 年代以来，在世界范围内兴起的新公共管理运动的政府再造中，这种模式得到了普遍运用。同时，随着政府管理向治理的转变，更多的社会主体参与到公共服务的提供中，社会资本的参与成为一种趋势。

（一）社会资本的融资参与

世界范围内，各国在公共产品和公共服务融资中越来越多地将一些具有有限非竞争性和非排他性基础设施、公共工程，以及公共产品提供和生产中可以市场化的环节向社会公开，鼓励社会组织、民间资金进入，这不仅增加了公共物品供给，还能拓宽融资渠道，减轻政府投入压力，对于吸引要素流入和强化公共管理和服务提供的监督都具有重要作用。这种政府改革改变了原有旧行政模式下的层级制官僚管理和控制方式，通过政府合同甚至直接供给形式作为公共服务提供的重要手段。例如，社会组织、救援志愿者在自然灾害事故中提供的救援救助服务，民间基金组织对基础科研项目提供的项目资金资助等，都属于由社会组织和民间资金承担的，原本由政府提供的公共产品和公共服务的例子。

在我国政府公共管理和服务提供体制改革中，这种模式同样起到了重大作用。比较典型的有服务外包、购买服务、资产和服务托管、特许经营（PPP）等不同的模式。服务外包和购买服务是于 20 世纪 90 年代从上海、深圳等一些地方首先兴起，后来逐渐被其他地方采用的一种服务模式。政府财政改革领域中采用比较多的是引入社会化资源的方式，还算不上引入社会化资本的模式。因为这些只涉及政府的公共资金使用方式的改变，不涉及资金来源渠道的变化。但是近些年比较普遍的民间基金会所自主或直接主导的一些公共、公益性质的服务，则在资金来源上与以往有很大的不同。

很多国家和地方的公有资产和服务的托管制，实际上更多的是一种资金运用方式，即在政府公有财产所有权不变的情况下，将公共服务的一部分经营权或其财产使用权，通过招投标方式委托给非公共部门进行经营管理。我国从 1995 年开始，一些电厂、水厂就采用这种模式运营。改革开放先行地区深圳市人民政府自 2002 年起，在对水务、能源、燃气和公交等公用事业进行国际招标的同时，出台了《深圳市公用事业特许经营办法》，推进社会资本参与政府垄断领域的投资建设。后来在污水处理、垃圾处理和医疗废物处理等公用事业方面采用了 BOT、TOT 等特许经营的模式。

（二）PPP 融资参与模式

从广义的层面讲，人们所说的 PPP 模式的应用范围包括从简单的、短期管理合同到长期合同，资金、规划、建设、营运、维修和资产剥离等也都包括在内。从一般意义上讲则是指由非公共部门和政府部门签订合同，在合同期限内由非公共部门经营和管理公共服务部门及其公有资产，从中获得收益并承担商业风险以及相应公有资产维护性投资的义务。其中，常见的经营模式有：TOT（Transfer-Operate-Transfer）方式，即经营权有偿转让，政府将其投资形成的公共服务资产的经营权，以特许经营的方式，在一定期限内出让给非公共部门进行经营管理并获得收益，期满后非公共部门将公共服务资产“归还”给政府部门。这实际上是政府以共有财产的运营收益换取非公共部门的经营服务。BOT（Build-Operate-Transfer）方式，即由非公共部门负责公共服务项目的投资建设，之后在特许经营期内从事运营、管理和维护并获得相应收益，合同到期后将非公共部门投资形成的公共服务资产无偿交给政府。在 20 世纪 80 年代的高速公路、电厂和水厂等 PPP 项目中，大多采用 BOT 模式。[①] BOO（Build-Operate-Own）方式，与 BOT 方式的区别是在合同期满后，由非公共部门继续占有和保留所投资财产，并进行后续的运营。当然，除此之外还有 20 多种特许经营的方式。

（三）PPP 模式风险及防范

从全国范围来看，到 2014 年底可以说 PPP 模式进入了一个全新发展的阶段。随着各项改革的全面深化，引入社会资本的 PPP 模式在财政部、发改委、城市建设和管理等部门的大力推动下，开始在各个相关领域全面启动。但在 PPP 项目的全面启动过程中，也存在不少经济风险因素，有的还因为各种脆弱点的存在，带来了潜在的风险因素。

PPP 项目的本意是一种公私合作伙伴关系，那么我们认识风险就应该从公私两方面认识。社会资本方面的潜在风险在于，社会资本对利润的追求是市场经济的正常现象，对 PPP 模式中的政府非理性介入、领导换届后项目的可持续性、政府的合作伙伴不作为、项目设计群众的反对等风险，对社会资本来讲是致命性的。例如，近年来随着城市垃圾处理带来的环境风险加剧，各地大量上马垃圾焚烧发电厂建设项目，在这些建设项目中，虽然通过了环评，甚至通过了社会稳定风险评估，但是动工建设的时候，依然遭到强烈的反对声浪，有大量的项目因此下马，有的迟迟未能动工，而这些项目大部分就是采用 PPP 的筹资方式建设的。如果这些风险不能有效解决，将影响 PPP 项目中社会资本参与的积极性，很多地方国有企业成为主流，也背离了

① 参见亓霞、柯永建、王守清：《基于案例的中国 PPP 项目的主要风险因素分析》，《中国软科学》2009 年第 5 期。

PPP 项目的本意。

政府方面的潜在经济风险在于，各级政府既是公共产品和公共服务的最终承担者，也是 PPP 融资风险剩余的责任者。新《中华人民共和国预算法》、政府性债务规定都通过批准程序、上限控制、责任追究等限制或禁止条款，对 PPP 项目的政府参与程度进行约束。但是 PPP 项目的负债或隐性负债风险一旦显性化，就很容易转化为政府支出责任，并最终形成债务。在有些情况下，政府的某些非理性补贴或定价，甚至有效监管的缺乏，也容易导致中长期负担甚至社会风险，最终还是由政府作为最后受托人进行买单。

为此，从风险防范的角度考虑，需做好以下工作。一是完善制度建设。需要中央政府加快建立权威的 PPP 立法、统一的管理机构，通过健全制度体系，强化全过程监管，为推动项目走上良性循环的轨道奠定必要的制度基础。同时通过稳定性的制度建设，增强公众和社会的良性预期，提高对 PPP 项目的参与热情。二是加强项目监管。谨防 PPP 项目中社会资本的经营行为垄断化，甚至行政化。PPP 项目特许经营权的模式，最容易发生这种不恰当的异化，容易加重公众的负担，背离了 PPP 项目建设的本意，也会成为经济风险甚至社会风险的导火索。三是加强信息公开。PPP 项目往往是具有一定公共性、公益性的项目，增强公众对项目的知情权，及时反映未来潜在项目受益者的消费需求，既是项目得以健康发展的重要措施和工具，也是加强监督，防范化解重大项目风险的重要手段。

第六章　重大经济风险治理理念和原则

习近平总书记在党的十九次全国代表大会的报告中指出："坚持总体国家安全观。统筹发展和安全，增强忧患意识，做到居安思危，是我们党治国理政的一个重大原则。"[①] 习近平总书记关于总体国家安全观、安全发展关系、改革发展稳定关系及发展目的和风险治理原则的一系列重要论述，包含了丰富的重大经济风险治理理念、思想方法、治理目标和治理原则等方面内容，为我们治理重大经济风险指明了方向。

一、总体国家安全观是重大经济风险治理指南

习近平总书记总结我国国家安全历程，总揽我国国家安全实践，纵观世界各国国家安全观的走向，创造性地提出总体国家安全观。在2017年党的十九次全国代表大会的报告中，将其纳入新时代坚持和发展中国特色社会主义的基本方略。习近平总书记围绕总体国家安全观发表的一系列重要论述，标志着党对国家安全的认识提升到了一个新的高度，也是指导新时代重大经济风险应对的系统思想和行动指南。

① 习近平：《决胜全面建成小康社会 夺取新时代中国特色社会主义伟大胜利——在中国共产党第十九次全国代表大会上的报告》，人民出版社2017年版，第24页。

（一）总体国家安全观的内涵和外延

2014 年 4 月 15 日上午，习近平总书记在主持召开十八届中央国家安全委员会第一次会议的讲话中，首次提出了总体国家安全观，并首次系统提出“11 种安全”。坚持总体国家安全观，走出一条中国特色国家安全道路，是中国社会主义革命和建设的重要组成部分。

1. 总体国家安全观是国家发展的基石

习近平总书记强调：“我们党要巩固执政地位，要团结带领人民坚持和发展中国特色社会主义，保证国家安全是头等大事。”① 总体国家安全观，回应了人民在新时代对于全面性的国家安全需要。1949 年新中国成立以来，我党先后审时度势，对不同历史时期的社会主要矛盾进行了三次全新认识。1956 年党的八大首次提出，国内的主要矛盾是“人民对于建立先进的工业国的要求同落后的农业国的现实之间的矛盾，是人民对于经济文化迅速发展的需要同当前经济文化不能满足人民需要的状况之间的矛盾”，并提出今后党和国家的主要工作任务是大力发展社会生产力。在经历了 25 年的艰苦探索后，到了 1981 年党的十一届六中全会上提出，我国社会的主要矛盾是人民日益增长的物质文化需要同落后的社会生产之间的矛盾，党和国家工作的重点，必须转移到以经济建设为中心的正确轨道上来。在经历了改革开放 30 多年的艰苦探索后，我国经济和社会各个领域已经发生了天翻地覆的变化。2017 年党的十九大，对于新的历史时期的主要矛盾作出了历史性论断，中国特色社会主义进入新时代，我国社会主要矛盾已经转化为人民日益增长的美好生活需要和不平衡不充分的发展之间的矛盾。其中在对于美好生活的需求中，最基础的就是对于安全的需求，安全的需求既包括传统的对维护国家统一、民族团结、社会安定等国家层面的

---

① 中共中央宣传部：《习近平新时代中国特色社会主义思想三十讲》，学习出版社 2018 年版，第 252 页。

安全需求，更包括对人民群众身边的空气、水、农业产品、食品、药品、网络安全、重大传染病等安全的需求。

总体国家安全观，也是对于国际上重大安全形势和国际环境基本判断的结果。进入新时代以后，我国的改革和发展面临着纷繁复杂的环境，国际上各种危机挑战骤增，各方面多年积累的矛盾不断暴露。全球进入21世纪以来，安全形势不容乐观，世界多极化和单极化博弈，经济全球化与反全球化斗争，文化多样化与文化中心主义拉锯，国际力量对比日趋复杂多变。从经济发展角度，世界经济动能不足，贸易和非贸易壁垒增加，传统和非传统经济安全问题交织。当今世界国家安全内涵和外延因素也发生了较大变化，各主要大国也对本国的国家安全战略进行了全面性的调整。必须审时度势，根据国内外形势的发展变化，及时调整有关国家安全内涵和外延的内容，统揽各个领域的国家安全大局，创新国家安全理念，坚持新的总体国家安全观和国家安全战略。

2. 总体国家安全观的丰富发展

2014年，习近平总书记提出了总体国家安全观的系统思想。总体国家安全观是指我国的十一项安全领域，其范围主要包括政治安全、国土安全、军事安全、经济安全、文化安全、社会安全、科技安全、信息安全、生态安全、资源安全、核安全等，这些是反映了我国国家安全具有时代特征的11个重要领域。

2015年7月，第十二届全国人大常委会第十五次会议通过新的《中华人民共和国国家安全法》，在明确了原有11种国家安全领域的基础上，又加入了海外利益安全、太空安全、深海安全、极地安全等重要的国家安全领域。这些内容的加入丰富了国家安全领域范围，丰富了国家安全内涵，适应了当代社会科技发展、人类活动、对外交往发展的需求。随着我国经济和社会日益发展，“一带一路”倡议的实施，我国的海外投资大量增加，中国公民海外交流日益增加，个人和企业的安全保证需求日益增多，这些领域的加入，也是适应了这一安全形势的重要发展和变化。

2020年2月，在中央全面深化改革委员会第十二次会议上，习近平总书记针对疫情显露出来的生物安全问题强调："必须从保护人民健康、保障国家安全、维护国家长治久安的高度，把生物安全纳入国家安全体系。""系统规划国家生物安全风险防控和治理体系建设，全面提高国家生物安全治理能力。"① 生物安全也进入了国家安全体系中。2019年10月，《中华人民共和国生物安全法（草案）》提交十三届全国人大常委会第十四次会议进行审议，生物安全作为国家安全的重要内容和组成部分，开始纳入法制轨道。

3. 总体国家安全观的辩证关系

总体国家安全观是不断发展完善的体系，但一些核心主题，充分表明了各种安全之间的辩证关系。其中，包括总体国家安全观中所提出的五大要素概念，即总体国家安全观要以人民安全为宗旨，以政治安全为根本，以经济安全为基础，以军事、文化、社会安全为保障，以促进国际安全为依托，走出一条中国特色的国家安全道路。

五大要素包含五个对立统一的辩证关系，表明了十个需要特别重视的关键点，显示了五大方面的特征。内外安全角度的一对辩证关系、两个关键点，既要重视外部安全，又要重视内部安全，表明了我国目前国家安全内外交织的特征。人与物安全角度的一对辩证关系、两个关键点，既要重视国土安全，又要重视国民安全，反映了以人民为中心的特征。传统安全与非传统安全角度的一对辩证关系、两个关键点，既要重视传统安全，又要重视非传统安全，反映了安全治理体系现代化发展特征。安全发展角度的一对辩证关系、两个关键点，既重视发展问题，又要重视安全问题，反映了我国特定历史时期发展和安全交

① 习近平：《全面提高依法防控依法治理能力 健全国家公共卫生应急管理体系》，《求是》2020年第5期。

织的特征。国际关系角度的一对辩证关系、两个关键点，既要重视自身安全，又要重视共同安全，反映了我国高度重视人类命运共同体建设的特征。上述这些特征，反映了进入新时代以后，我国国家安全所面临的突出特点。

（二）总体国家安全观中的国家经济安全

经济安全在各类安全中具有基础性、保障性作用，这也是马克思辩证唯物主义原理中，经济基础对上层建筑起决定作用的具体体现。国家经济安全是国家安全的重要组成部分，同时国家经济安全已经深入国家各个安全领域。

1. 经济安全是国家安全的基础和组成部分

改革开放以来，我国经济长期稳定的发展，为我国各项国家安全打下了雄厚的基础，使我国的国家安全事业获得了充分的财力和物力保障。同时，经济安全本身也日益成为国家安全的一部分，一个国家的经济安全直接关系到国家经济体系的稳定性，这在全球化时代可以说是越来越重要。正因为如此，各国纷纷通过贸易、非贸易的壁垒和手段维护本国的发展利益，并把这些作为国家安全的重要组成部分，这也是近年来世界范围内国家安全发展的重要特征和趋势。比如，近年来中美贸易摩擦中反映的就是这种理念的变化，一些国家的经济、商务部门为应对这些变化，也纷纷成立相应的经济安全机构，承担国家经济安全的任务，国家经济安全已经被列入各国政府重要的议事日程。

2. 经济安全深入各个安全领域

国家经济安全已经深入政治安全、国土安全、军事安全、文化安全、社会安全、科技安全、信息安全、生态安全、资源安全、核安全、海外利益安全、太空安全、深海安全、极地安全、生物安全等各个方面的安全领域。首先，从政治、军事、文化、社会等政治文化软实力角度看，经济发展已经成为当今社会最重要的议题之一，也是这些安全得以实现的基本保障。在这些安全因素中，也都包含着经济的因素。其次，对于科技、信息、生态、资源、核、生物等领域，从生产力视角看，本身就是经济要素的重要组成部分，发展水平与经济发展几乎同步，发展质量直接关系着经济发展质量，安全本身也是经济安全的重要内容和关键方面。最后，国土、海外利益、太空、深海、极地均属于地域概念，传统的国土概念是经济发展的重要承载，其他的领域都是世界各国矛盾的重点，其中最核心的就是经济利益矛盾，自然就牵涉到经济安全问题。

（三）大国的国家安全战略及其经济安全

进入 21 世纪以来，世界各主要大国纷纷更新了传统的国家安全范畴，都由政治、军事、国土等传统领域，逐步深入经济、文化、社会、生态、资源等各个领域。

1. 美国最新版国家安全战略及其内容变化

从纵向上看，美国从 1987 年开始颁布的首份《国家安全战略报告》中，政治、军事和外交的传统国家安全内容占据了绝大部分，在之后年份发布的报告中，涉及经济、社会、文化等非传统安全的内容越来越多，尤其是经济安全部分占据了各个章节的主要内容。以 2017 年颁布的最新版的《美国国家安全战略》为例，内容主要包括：一是保护人民、国土和生活方式，包括防止大规模杀伤性武器、防止生物威胁和大规模传染病、边境控制和移民等领土安全，对恐怖主义、跨境犯罪组织的源头治理，网络时代安全，提升国家韧性等内容。二是促进繁荣，包括重振国内经济，建立自由、公平、互惠的经济关系，保证国家技术研发创新领先地位，维护国家安全创新基础，保持能源优势等。三是实力维和，重建美国竞争优势和能力，外交和国家经济治理。四是提升影响力，包括多边论坛影响力、美国价值观等。五是地区战略，包括印太、欧洲、中东、南亚和中亚、非洲等。

2. 俄罗斯新版国家安全战略及变化

俄罗斯最新版的国家安全战略于 2015 年 12 月正式颁布，即《2020 年俄罗斯联邦国家安全战略》。最新版的国家安全战略的主要内容，将恢复和发展经济、加快增长速度以及社会安全、居民生活、经济增长、科技教育和卫生等非传统的国家安全内容作为新版国家安全战略的主要部分，虽然与 2009 年的国家安全战略相比，内容进行了一些调整，但是与以往更早时期的国家安全战略报告内容相比，可以看到相关内容有一些变化。经济建设、人民生活、经济增长、教科文卫等有关国内安全内容，开始成为一切国家安全工作的重中之重，尤其突出了经济政策中经济安全战略的重要性。我们看到，其新版的国家安全战略具体内容主要包括国家防御，国家安全和社会安全，提高人民生活质量，经济增长，科学、技术和教育，卫生，文化，生命系统生态和合理使用自然资源，战略活动和平等的战略伙伴关系。① 这些内容的大部分在以往都属于内政内容，并不属于传统的国家安全内容，这些调整反映了俄罗斯国家安全战略的调整方向。

从俄罗斯、美国两个国家的国家安全战略报告内容，可以看出其国家安全战略方向性的巨大调整和转向。由原来冷战时期的军事、外交等领域，逐渐转向全方位、全领域的国家安全内容，尤其是将原来的内政事务也加入国家安全范畴。在这种全面性国家安全内容转向中，经济安全开始成为国家安全的重要内容。

二、重大经济风险治理的安全发展理念

经济发展的根本目的是满足人民对美好生活的需要，安全发展理

① 参见马建光、孙迁杰：《俄罗斯国家安全战略的变化及影响——基于新旧两版〈俄联邦国家安全战略〉的对比》，《现代国际关系》2016 年第 3 期。

念既是习近平新时代中国特色社会主义思想的一条重要而鲜明的主线，也是以人民为中心思想的重要体现。

（一）树立安全发展理念

习近平总书记在其治理工作的实践中，对安全发展思想进行了全面阐述，形成了丰富的安全发展理念。他在不同时期、不同场合论述的安全发展思想，为我们理解新时代的安全发展理念奠定了基础。

早在 2006 年，习近平同志在担任浙江省委书记时就提出了安全发展理念，他当时就指出："科学发展首先要安全发展，'以人为本'首先要以人的生命为本，安全发展就是尊重生命、关爱生命。任何以牺牲人的生命和健康为代价的所谓'发展'，都是不健康、不道德、不和谐的，也都不是真正的发展。"① 这就初步阐释了安全发展在我国经济建设和社会发展中的地位和作用，阐释了安全发展是什么，安全发展为什么，如何处理好安全与发展之间的关系，安全的真正含义是什么等问题。尤其重点讲到了安全发展首先要做到以人为本，那些所谓的牺牲人的生命、健康的"发展"不属于真正发展的行列。

习近平总书记所说的安全发展，不仅仅是指企业生产安全的事情，也包含着整个经济甚至社会生活领域更广阔、深入的含义。他早在 2006 年就指出，应当通过各领域的共同努力，让广大生产者在安全条件下生产，让广大消费者在安全服务中消费，让广大群众在安全感中生活，让我们的社会真正实现科学发展、和谐发展、安全发展。此处进一步阐述了安全发展的全面性观点，即不仅是局限在企业生产领域的安全，而是贯穿生产、消费、服务、社会等经济体系各领域，社会

① 习近平：《之江新语》，浙江人民出版社 2007 年版，第 227 页。

生活各方面的，更为全面、更为深刻的安全观、发展观，这也是整个社会进步的根本标志。

2013 年 11 月，在山东省青岛市“11·22”中石化东黄输油管道泄漏爆炸特别重大事故现场考察时，习近平总书记发表重要讲话指出，各级党委和政府、各级领导干部要牢固树立安全发展理念，始终把人民群众的生命安全放在第一位。他强调安全发展理念不仅仅是负责安全的领导和工作人员的事情，更是所有各级党委、政府领导干部应该具备的理念。这种理念的中心和首要的要求就是，将人民群众的生命安全放在第一位。

2014 年 2 月，习近平总书记在中央网络安全和信息化领导小组第一次会议上的讲话中强调，网络安全和信息化是一体之两翼、驱动之双轮，必须统一谋划、统一部署、统一推进、统一实施。这是具体以网络安全和发展为例，指出了安全发展更一般化的道理，即两者属于一个共同整体之间相互融合的密切关系，应该在谋划、部署、推进实施上做到统一，而非“两张皮”之间的关系。

2015 年 5 月，在十八届中央政治局第二十三次集体学习时，习近平总书记再次深刻地阐述了安全发展理念。他指出，要牢固树立安全发展理念，自觉把维护公共安全放在维护最广大人民根本利益中认识，扎实做好公共安全工作，努力为人民安居乐业、社会安定有序、国家长治久安编织全方位、立体化的公共安全网。讲话强调，将安全发展理念放到维护最广大人民根本利益的高度去理解，将安全和发展作为一个有机整体，贯穿于各项工作中。党的十九大报告中所提出的新时代中国特色社会主义思想和基本方略，更加明确了坚持新发展理念、坚持总体国家安全观作为 14 个坚持中的两项重要内容。要全面理解十九大报告的深刻思想内涵，就必须从发展、安全两个角度进行领会。

2015 年 12 月，习近平总书记在第二届世界互联网大会开幕式上的讲话强调："安全和发展是一体之两翼、驱动之双轮。安全是发展的保障，发展是安全的目的。"[①] 这就进一步解释了两者的辩证关系，上升到了整体经济和社会发展战略的独特地位和高度，体现了安全发展与高科技产业发展的结合，并上升到人类命运共同体的高度去认识发展在整个国家经济发展中的独特作用的观念。

2017 年 10 月，习近平总书记在党的十九大报告中指出，要树立安全发展理念，弘扬生命至上、安全第一的思想，健全公共安全体系，完善安全生产责任制，坚决遏制重特大安全事故，提升防灾减灾救灾能力。报告将安全发展放在社会治理体系的角度去认识，与公共安全体系相结合，进一步提出了安全生产责任问题，并将遏制重大安全生产事故、提高防灾减灾能力作为重要政策措施和手段，为安全发展提供了有力的支撑。

2018 年 4 月，习近平总书记在十九届中央国家安全委员会第一次会议讲话中强调，全面贯彻落实总体国家安全观，必须坚持统筹发展和安全两件大事，既要善于运用发展成果夯实国家安全的实力基础，又要善于塑造有利于经济社会发展的安全环境。这就将安全发展上升到了总体国家安全的高度上，同时也将安全发展定位到了国家治理中必须坚持统筹的两件大事上，并从两者互为基础和环境的关系角度去认识。

2020 年 4 月，在全国抗击疫情取得阶段性胜利，各地致力于经济恢复的时期，习近平总书记就企业安全生产问题作出重要指示强调，生命重于泰山，各级党委和政府务必把安全生产摆到重要位置，树牢安全发展理念，绝不能只重发展不顾安全，更不能将其视作无关痛痒的事，搞形式主义、官僚主义。发展中注重生命安全保护，是以人民为中心理念的具体表现。

① 习近平：《在第二届世界互联网大会开幕式上的讲话》，《人民日报》2015 年 12 月 7 日。

（二）发展是安全的基础

任何一个国家，任何一个社会，乃至整个人类，经济和社会发展的良好态势，总是与风险安全挑战如影随形，在经济和社会高速发展的时候尤其如此。2017 年在党的十九大报告对我国目前发展所面临的背景和形势分析中，就提出了“我国发展仍处于重要战略机遇期，前景十分光明，挑战也十分严峻”的战略判断。这一判断既看到了我国经济和社会发展的光明前景，也充分预估了我国所面临的挑战对安全的潜在威胁。2020 年新冠肺炎疫情让我们看到，面对世界经济复苏乏力、局部冲突和动荡频发、全球性问题加剧等外部环境的挑战所带来的一系列问题，全球经济、社会安全依然十分脆弱，全球化也开始出现逆转的苗头。当前，我们所面临的更加突出的问题依然是发展不平衡、不充分，并且这种不平衡、不充分发展的状态，已经成为我国新的历史时期满足人民日益增长的美好生活需要的主要制约因素。

在安全发展理念中，我们将发展放到了各项工作的首要位置，这是由马克思主义辩证唯物主义基本原理决定的。我国制定的新时期经济政策和各项改革措施，也是把发展作为“党执政兴国的第一要务”。发展所能够发挥的作用，是一种经济基础的作用，是解决我国当前一切政治、经济和社会问题的基础和关键物质保障。这些问题中当然也包括各个领域的安全问题，这些问题的解决都需要一定的人力、物力和财力的支出和投入，这些支出和投入都属于物质基础的层面，都需要通过发展解决。只有在经济和社会各方面得到充分发展的前提下，才能为安全奠定坚实的物质基础和社会保障。同时，我国所需要的发展是科学、可持续的发展，是坚定不移地贯彻创新、协调、绿色、开放、共享的全新发展理念，这种发展必须是实现更高质量、更有效率、更加公平、更可持续的发展。这种持续发展的一个基本政策理念就是绿色发展理念，只有通过对环境最少影响的发展，才能从根本上保障我们民族赖以生存的生态环境安全，这就要求我们必须将安全与发展贯穿到整个生态文明系统的建设中。

中国长期以来是一个传统的农业社会，文化传统也与农业发展息息相关，农业发展是保持经济和社会稳定的根本。所谓的“无农不稳、无工不兴、无商不富”就是对农工商关系的最好概括。我国的“三农”工作是经济和社会领域中安全发展的典型代表。经济发展的基础在于农业、农村和农民，从我国历史传统和现实状况来看，政治、经济和社会各项事业的发展都离不开农业的发展、农村的振兴和农民的富裕。从安全发展的角度来看，农业和农村发展直接关系到我国的粮食安全、社会稳定和经济的可持续，这三者也直接保障了我国经济和社会的发展。21 世纪以来，我国政策连续集中在促进农村经济发展、农业持续繁荣、农民负担减轻等各项事业长期发展，实施乡村振兴战略的基础上，这样粮食安全才能得到根本保障，农村才能得到根本的稳定。我国政策最重要的立足点就是“三农”工作。自 1982 年以来，中共中央共发布了 22 个“一号文件”，自 2004 年起连续 17 年每年发布的第一个文件都是有关“三农”工作。“一号文件”主要围绕农村建设、农业发展、农民增收三个主题，这三个主题都是围绕“三农”的发展和稳定。

（二）安全是发展的保障

从历史唯物主义的高度，我们认识到了发展的重要作用，尤其是对安全的作用。从辩证法角度，我们也能够认识到安全的重要性及其对发展的意义。维护安全不仅仅是政府的责任，更不仅仅是安全部门的事情；安全不仅仅限于个体生命健康免受外在威胁的内涵，也不仅仅是个人、集体和国家财产免受损失的情形。我们所说的安全也是一个全面的、综合的概念，安全事务是需要统筹考虑的工作。它既包括国家安全、生态安全、粮食安全、网络安全等不同领域，也包括传统安全与新型安全，外部安全与内部安全，国土安全与国民安全等不同形态。在处理各类安全的关系上，应当坚持国家利益至上的原则，同时要以人民安全为核心和宗旨，以政治安全为根本，统筹考虑外部安全和内部安全、国土安全和国民安全、传统安全和非传统安全、自身安全和共同安全等几对关系，通过完善各项国家安全制度体系，加强全方位的国家安全能力建设，实现维护国家主权、安全、发展利益的目标，这也是我国发展应有之义。

根据我国突发事件及相关的法律法规，对我国公共安全构成直接威胁的事件分为自然灾害、事故灾难、公共卫生和社会安全。如果按照国内、国外的划分模式，包括更广阔的视角，还应该关注全球安全、国际安全和区域安全等。如果以各个领域为切入点，我们可以从更高的高度提出针对性、体制性战略部署。针对生产安全，我们要从公共安全体系建设的视角完善安全生产责任制度，遏制重特大安全事故发生发展的势头，这也是贯彻党中央、国务院 2016 年颁布的《关于推进安全生产领域改革发展的意见》的要求。针对自然灾害类事件，要贯彻党中央、国务院在 2016 年制定的《关于推进防灾减灾救灾体制机制改革的意见》的要求，注重提升防灾减灾救灾能力，维护人民群众的生命财产安全，同时也为经济建设起到保驾护航的作用。针对公共卫生类事件，坚持预防为主，落实“大卫生、大健康”时代理念，构建“把健康融入所有政策”的有效机制。2020 年的新冠肺炎疫情造成经济活动停摆，各行各业遭受重创，再次证明了做好公共卫生工作的重要性。通过深入开展爱国卫生运动，倡导健康文明的生活方式，减少各类疾病发生的源头，预防控制重大疾病，为经济建设和各项事业的发展创造一个良好的环境。针对社会安全类事件，只有加快社会治安防控体系建设，才能创造出一个安定的社会环境，只有打击和惩治“黄赌毒黑拐骗”等违法犯罪活动，才能为各项经济活动秩序提供有力的保障。

（四）安全发展有机整体

发展是安全的基础，安全是发展的保障，安全与发展是辩证统一的整体，不能将二者割裂开来。离开发展谈安全，就是无源之水、无本之木，更不能离开安全谈发展，否则人民忍受动荡、国家遭遇威胁的发展就失去了意义。总体国家安全观是新时代中国特色社会主义思想和基本方略的重要组成部分，并贯穿整个工作和各个领域。总体国家安全观的思想渊源和定位是要做到统筹发展和安全，总体国家安全观是传统文化中的忧患意识、居安思危思想的重要体现，是国家治国的指导原则。安全发展理念与人类命运共同体理念的结合，就是共同、综合、合作、可持续的新安全观，这种观念是推进国际事务和全球发展的指导性理念。这种新安全观的主要含义是，谋求开放创新、包容互惠的国际事务发展前景，通过促进各种文明、国家和传统中的和而不同、兼收并蓄的文明交流，真正构建一个尊崇自然、绿色发展的生态体系。安全发展理念也要求我们在全球发展中的角色定位是要扮演世界和平的建设者、全球发展的贡献者、国际秩序的维护者等。安全与发展理念相结合的新安全观，包含有丰富的发展内涵，是以共同发展为基础的新型安全观念，体现了两者的有机统一。

不仅我们日常强调的农业等领域，经济中各个领域的安全与发展，也都是作为有机整体存在的。当前我国最突出的环境建设，也有安全和发展问题，环境本身是人与自然和谐共生的问题，但是自然环境也不是一成不变的，环境也有发展需要。绿色发展、生态安全处在非常重要的位置，直接关系到了中华民族的永续发展。乡村振兴、“三农”发展本身属于经济发展中的重要领域和环节，同时也都担负着确保国家粮食安全，把“中国人的饭碗牢牢端在自己手中”的重任。在深化金融改革中，金融本身就是发展中的重要领域和环节，不仅需要促进多层次资本市场发展，也有系统性金融风险的底线需要紧紧守住的问题。在边疆治理问题上，一方面需要加快边疆发展，让边疆人民享受到发展带来的福利，同时通过发展使得边疆巩固、边境安全得到充分的保障，这就需要将安全与发展两个方面作为统一整体进行统筹布局。

三、重大经济风险的治理原则

重大经济风险治理的基本原则贯彻以人民为中心，这也是经济发展的目标，同时要平衡改革、发展和稳定的关系，在具体促进经济增长的过程中，要把控好稳增长和防风险的关系，并要贯彻全面风险治理的原则。

（一）以人民为中心的原则

经济风险治理的内在思想基础、核心要义是人民中心思想，这也是对历史唯物主义人民史观的重要体现。经济风险之所以被称为“风险”，直接的含义是带来的损失可能性。经济损失可能性是有承担主体的，这个主体就是受到经济风险和危机影响的人民群众。从这个意义上看，经济风险治理应当确立的价值观就是以人民群众为中心的价值观。在经济风险治理中，以人民为中心的原则，就是要通过不断促进人的全面发展使全体人民共同富裕。

在进入新的时代后，我国社会的主要矛盾已经转化为人民日益增长的美好生活需要和不平衡不充分的发展之间的矛盾。在这一矛盾体系下，防范化解重大风险中的以人民为中心的原则，不仅仅局限在以人民群众的基本需要为原则，而是在发展基础上的人民群众的美好生活需要。这种发展矛盾的主要方面就是，人民不仅对物质文化生活提出了更高要求，而且在民主、法治、公平、正义、安全、环境等方面的要求也日益增长。这些日益增长的六类需求，都需要构建强大的物质基础才能充分满足。这六类需求既是防范化解风险的六个主要方面，也是人民群众日益增长需求的重要组成部分。

经济风险的防控机制是个整体，各类风险防控机制和措施的实施，都应当以人民群众的需求作为最终判断标准，并服务于人民的人身权、财产权、人格权保护的目标。通过形成有效的经济风险治理、良好的社会秩序建构，进一步增强人民的获得感，提高人民的幸福感，保证人民群众的安全感，并使经济发展更加充实、可持续。经济发展过程中一些重要、关键的安全问题，如卫生健康、食品药品安全保障等社会热点，公众关注的焦点高。针对有关健康保障、药品安全等领域问题，我们“全面取消以药养医，健全药品供应保障制度”，解决药价虚高等问题。对于食品安全中的重大经济风险问题，实施食品安全战略，让人民吃得放心。通过风险治理原则的实施，使安全与发展实现了高度统一，这种高度统一的结合点就是以人民为中心的唯物史观重要思想。

（二）平衡改革发展稳定原则

习近平总书记就改革、发展、稳定的关系指出，“国家安全和社会稳定是改革发展的前提。只有国家安全和社会稳定，改革发展才能不断推进”①。改革、发展、稳定是我国社会主义市场经济建设的三个重要支点，正确处理好改革发展稳定的关系，是党领导人民进行中国特色社会主义经济建设取得成就的重要经验，是党在经济建设中能够总揽全局、统筹四方、处理重大关系的长期经验总结。改革、发展、稳定之间的关系，对任何一个发展中国家都是需要认真思考、全面平衡的重要问题，尤其对处于起飞阶段的经济体更是如此。

改革就是要改掉原有体制中阻碍经济和社会发展的弊端，这是发展的前提和动力。只有对原有的制度体系进行全面改革，通过释放制度活力、增强发展的内生动力，才能实现发展的目标。只有对体制机

① 中共中央文献研究室编：《十八大以来重要文献选编》（上），中央文献出版社 2014 年版，第 506 页。

制弊端进行全面深入的改革，积极推进体制完善、机制创新，尤其要抓住时机和重要的窗口期，深化重要领域中的各项改革措施，才能克服体制机制顽疾，拆除固化的利益藩篱，解放和发展受制约的社会生产力，激发和唤醒全社会创造活力，持续推进各项制度的优化，始终保持社会主义制度的生机和活力。发展是经济和社会稳定的基础和保障，从本书前面章节中关于经济下行、过热和外生因素冲击带来的经济波动案例来看，经济发展问题往往是影响稳定的根源，且往往容易进一步诱发社会的不稳定。

在社会发展过程中，稳定状态只是阶段性的、相对的，发展则是永恒的、绝对的，这是辩证唯物主义发展变化观点的具体体现。发展的中心任务是经济发展，经济发展仍是我国解决各领域问题的关键。经济的持续、健康发展，是国家富强、人民安康、社会稳定的物质保障，是坚持中国特色社会主义、实现中华民族伟大复兴的物质基础。放弃改革发展的绝对稳定状态是不现实的，最终也会带来更大的不稳定因素。在抗击新冠肺炎疫情过程中，我国一手抓抗疫，一手抓经济，不同阶段有不同的政策重点安排。在疫情日趋严重的阶段，工作重心围绕疫情防控工作；疫情一旦开始回落，工作重点就逐渐转移到经济建设、复工复产上。只有经济和社会的改革发展了，才能为社会稳定打下雄厚的基础。习近平总书记在不同场合谈到发展和稳定的关系时都曾指出，发展是硬道理，稳定也是硬道理，抓发展、抓稳定两手都要硬。

习近平总书记在《关于〈中共中央关于坚持和完善中国特色社会主义制度 推进国家治理体系和治理能力现代化若干重大问题的决定〉的说明》中强调："当今世界正经历百年未有之大变局，国际形势复杂多变，改革发展稳定、内政外交国防、治党治国治军各方面任务之繁重前所未有，我们面临的风险挑战之严峻前所未有。"① 改革、发展、

---

① 《中共中央关于坚持和完善中国特色社会主义制度 推进国家治理体系和治理能力现代化若干重大问题的决定》，人民出版社 2019 年版，第 50 页。

稳定之间的关系是一种辩证的关系，三者相互依存、相互支撑、彼此制约、相辅相成，形成了紧密的有机整体。改革、发展、稳定始终关系着现代化经济建设的全局，处于内政外交国防、治党治国治军等各方面重要任务的前列。改革、发展、稳定的重大关系，既包括国际层面也包含国内层面，既有内政也有外交和国防等方面的问题。习近平总书记提出了在经济建设中，处理好改革、发展、稳定的关系要做好四个“准确把握”，就是准确把握改革发展稳定的平衡点，准确把握近期目标和长期发展的平衡点，准确把握改革发展的着力点，准确把握经济社会发展和改善人民生活的结合点，在转方式、调结构、保民生、推动可持续发展方面不断取得实实在在的成效。[①]

（三）稳增长和防风险原则

就政府在经济工作中，如何平衡好稳增长和防风险的关系，习近平总书记指出，各地区各部门要平衡好稳增长和防风险的关系，把握好节奏和力度。我国当前的国民经济仍然处在新旧动能转换的关键时期，在各类重大风险辩证关系中，稳增长和防风险相对于其他各项工作是我国目前的主要矛盾，解决好这一矛盾关系是解决好政治、社会、科技等各领域中矛盾的基础和保障。在稳增长和防风险这一整体中，稳增长是矛盾的主要方面，通过经济稳定增长可以为防范和化解重大风险打下坚实的经济基础。这是辩证唯物主义理论中，经济基础决定上层建筑的基本原理体现，也被我国40多年改革和发展历程中重大经济风险应对的实践所证实。平衡好稳增长和防风险两者的关系，需要坚定不移地防范风险，通过防控风险扫清经济稳定增长的一切隐患。平衡好稳增长和防风险的关系，要做到实现积极的稳增长，通过稳增长为防风险打造良好的宏观经济环境。在稳增长过程

① 参见慎海雄：《抓住四个“准确把握”，推动经济持续健康发展》，《瞭望》新闻周刊2014年第28期。

中，要从坚持供给侧结构性改革为主的同时，积极推动需求的增长，“坚持两手抓，两手都要硬”，防止一手硬、一手软，甚至两手都软的情况。

在经济建设中，我们要想处理好稳增长、防风险两个政策操作力度的平衡，就必须聚焦进一步深化各个行业领域的供给侧结构性改革。在稳增长和防风险中，最突出的行业是金融业，防范和化解金融风险，尤其是防范系统性金融风险是经济工作的根本任务。习近平总书记针对金融业强调，要深化对国际国内金融形势的认识，正确把握金融本质，深化金融供给侧结构性改革，平衡好稳增长和防风险的关系，精准有效处置重点领域风险，深化金融改革开放，增强金融服务实体经济能力，坚决打好防范和化解包括金融风险在内的重大风险攻坚战，推动我国金融业健康发展。坚持金融服务实体经济的目标，形成实体经济和金融行业的良性循环。在宏观经济调控的不同政策阶段，根据各个时期的经济和社会发展状况，要实施相机抉择的财政政策、货币政策，大力增强微观经济主体的活力，充分发挥好资本市场功能等政策，逐步形成强有力的经济政策支撑框架，积极促进国民经济整体良性循环。在近年来经济下行压力加大，以及 2020 年新冠肺炎疫情对经济冲击的影响下，防控风险的任务加剧，调控政策更要把握好节奏和力度，防止经济紧缩效应的加倍叠加放大，不能让宏观经济运行远离合理的区间。

（四）全面风险治理原则

在经济风险治理过程中，一定要关注经济风险后果的综合性、涉及领域的广泛性、风险形式的多样性和风险治理的全过程性，要实现这些治理目标，必须掌握重大经济风险的全面治理原则。

1. 应对经济风险后果的综合性

从影响后果来看，当代经济风险的明显特点是风险的综合性。风险可以通过原生、次生、衍生的复杂经济关系，扩大风险波及的范围和广度，使整个经济体系形成一个复杂的风险综合体。以 2008 年全球金融风险为例，美国金融机构对低信用贷款人发放房地产抵押贷款的次级贷，在遭遇资产价格下滑时带来了资金链断裂的次贷危机；作为次贷危机的进一步蔓延，衍生成为美国国内金融行业因错综复杂的资金联系所带来的进一步金融危机；又因为金融机构在经济领域中的特殊作用和广泛的经济联系，使金融危机逐步演化成为遍及美国的经济危机；一旦进入经济危机阶段以后，一些次生的风险开始进一步发展，波及金融领域之外的实体经济；因为失业、社会保障资金，甚至一些政府破产等问题的产生，开始向经济领域之外蔓延；又因为美国经济在世界经济领域中的独特作用，进一步向全球范围蔓延，形成世界性的金融危机或经济危机。上述 2008 年金融危机中，从最初的美国次级贷款危机，逐步衍生为美国金融危机、经济危机乃至世界性的金融危机、经济危机，甚至通过一些次生的灾害链条，开始向社会领域演化，带来了政治、社会等其他方面的危机，这成为当前危机的一个特点。从灾害损失的后果来看，现在的经济危机具有全面性危机的特征，因此从治理策略来看，必须实施全面性的治理策略，如果只是就某一方面进行治理，可能无法达到应有的效果。

2. 经济风险领域的广泛性

从风险所涉及的主要领域看，重大经济风险包括金融、财政、粮食、土地、能源、人口、水资源、矿产资源、生态环境、安全生产、网络基础设施等各个重大风险领域。当代风险既有综合体的特征，也有各个领域相对的独立性，各个领域的风险从起因、发展和损害后果上也有相对的地理性特征。以生态环境领域重大风险为例，我国各地在片面追求经济增长速度的目标前，曾经长期以来依靠大量的资源投入，实施粗放式经营方式，自然生态环境遭受严重破坏，地面沉降、森林砍伐、海域污染、固体废物堆积、空气重污染、污水排放超标、土壤重金属超标、噪声污染等重大环境风险影响了经济增长的质量，并带来巨大的负外部性。同时，依靠要素投入的经济增长模式，使环境成本巨大，也不具有可持续性。上述重大风险领域中，有的和环境风险一样与经济体系发展有着相关性，有的则属于外部因素带来的，但一样会对经济发展形成冲击。比如，能源领域的重大风险既与经济发展相关，也具有外生因素。正是因为经济发展带来了能源消费量的大幅度攀升，消费量攀升带来了进口量增加，造成对外依赖率增加，所以国际石油市场的波动对我国经济体系的影响日益加重。从上述这些领域看，经济体系的各个组成部分间都有原因、表现形式、影响后果等各不相同的重大风险，需要把握全面风险治理原则，应对处置各类经济风险。

3. 经济风险形式的多样性

从经济风险外在表现形式上看，重大经济风险既包括了难以预料的偶发性“黑天鹅”事件风险，也包括防范人们习以为常、容易忽略，但常常损失巨大的“灰犀牛”事件风险。经济发展过程不是一帆风顺的，正常的经济发展也远非直线型过程，往往是曲折发展、螺旋式上升的形态。仅仅从经济增长指标上，我们就可以看出任何一个经济体的竞争速度都是呈现上下波动的表象，这种表象的背后往往是经济运行过程中各类原因带来的冲击所导致的。全面风险治理除了要关注经济风险来源的多样性、综合性之外，也要关注经济风险表现形式上的多样性。

4. 经济风险治理的全过程性

全面风险治理的内涵，要建立在风险后果的综合性、风险领域的广泛性、风险形式的多样性基础之上。在这种情况下，全面风险治理手段，既包括在日常工作过程中做好监测预警，也包括在风险来临之前做好防范准备等工作。既包括危机发生时的处置应对，也包括危机过后解决转化等各项工作。在面对重大风险危机来临前，我们要重点做好的是监测预警、预案，尤其是通过可持续性计划的制定，提高经济系统的韧性以及抗击冲击的能力。在监测预警预案基础上设定主要预警指标，并在日常做好情景模拟，进行全面性的压力测试，以确保在重大风险发生时能够做到有准备。

第七章　重大经济风险治理方法和机制

习近平总书记在《关于〈中共中央关于坚持和完善中国特色社会主义制度 推进国家治理体系和治理能力现代化若干重大问题的决定〉的说明》中指出："我们要打赢防范化解重大风险攻坚战，必须坚持和完善中国特色社会主义制度、推进国家治理体系和治理能力现代化，运用制度威力应对风险挑战的冲击。"①习近平总书记在开班式上的重要讲话中强调，未雨绸缪、精准研判、妥善应对经济领域可能出现的重大风险。重大经济风险治理政策制定和实施的关键，就是要建构起相应的治理策略、方法和机制，为防范、控制和化解重大风险提供思维和行动的指导，为政策和制度的优化提供一个基本的指导性框架。

一、重大经济风险的防范化解策略

制度的作用在于使行动当事人各方有稳定预期，稳定预期需要有稳定的政策，更需要政策制定者有稳定的思维和行动框架。本部分主要阐述重大经济风险治理中的世界观、认识论、价值论、方法论的策

① 《中共中央关于坚持和完善中国特色社会主义制度 推进国家治理体系和治理能力现代化若干重大问题的决定》，人民出版社 2019 年版，第 50 页。

略，及其相应的忧患意识、底线思维、人民中心、问题导向的方法体系，为日常、事前、事中、事后的重大风险治理提供参照。

（一）忧患意识的世界观

忧患意识被归入世界观的范畴，是因为忧患意识反映了中国人对于外部世界基本的认识方式。尤其是中国人对于天地人之间关系的认知模式，决定了日常生活中人们对于风险的认识程度以及防范风险的形式。

1. 世界观决定了主体的思维与行动

习近平总书记指出，世界观是人们关于世界总体的和根本的看法，决定着人生的追求与价值取向，指导和支配着理想信念、思想境界、道德操守与行为准则，具有“总开关”“总闸门”的作用。共产党人坚持辩证唯物主义和历史唯物主义的马克思主义世界观。世界观具有根本性，物质和意识的关系层面是最高层次，也存在于人类社会生活更具体的层面上。世界观中所说的世界包括自然界、人类社会和人的思维三个领域，这三个领域都是主体之外的客体，是主体的人们认识和反映的对象。

不同的世界观对世界的看法存在很大的差异，这些不同看法就决定了人们思维方式的差异。基于思维方式差异，就会产生改造世界不同的行动方案及其行动。因特殊的地理环境因素，我国一直是个多灾多难的国家，灾害发生频率和严重程度也是世界上少有的。正是这种巨大的灾害造就了中国人所特有的看法。中国文化中具有强烈的风险意识，尤其在面对自然界和人类社会发展过程中，表现出来强烈的风险观念。这种风险观念在中国历史上被称为“忧患意识”，忧患意识也成为中国群经之首、传统思想之源的《易经》所要表述的核心内容。[①]

① 参见朱伯崑：《易经的忧患意识与民族精神》，《北京大学学报（哲学社会科学版）》1997年第1期。

2. 忧患意识是传统的积极世界观

中国古老文明中的忧患意识对中国人的政治生活、道德生活和人生观产生的深刻影响持续至今。忧患意识是中华文明所特有的世界观，是中国人对外部世界和人生的系统性视角和态度。它让人们对所处环境和现状，时刻抱有警惕之心和清醒的头脑，造就了中华民族顽强的生存意识和卓越的生活智慧。从忧患意识的渊源上看，它来自中国长期农耕生产的经济方式，根植于东亚地区特殊的地理环境，兴起于殷亡周兴的政治剧变时期，伴随了中华民族盛衰兴亡的千年历史进程，孕育了天地人合一的文化思想，造就出家国天下的人文情怀。

忧患意识的内容包括两个方面，即中国人矛盾统一、辩证发展的思维方式，像“一阴一阳之谓道”“致广大而尽精微，极高明而道中庸”都是这种思维方式的具体体现。这种思维方式应用于风险治理领域中，就是时时告诫“生于忧患而死于安乐也”。三对关系，即在矛盾辩证的思维方式基础上，处理好安危、存亡、治乱三对关系。在中国文化中，对于三者关系有“危者，安其位者也；亡者，保其存者也；乱者，有其治者也。是故君子安而不忘危，存而不忘亡，治而不忘乱”的论述。一个整体，即家、国、天下是一个整体，表示的是以人为中心的向外辐射的关系顺序，在一个整体的话语体系下，做到了“天下兴亡，匹夫有责”“位卑未敢忘忧国”。三层忧虑，即忧国、忧民、忧己，对应“天、地、人”，表示的是一种合法性、权威性来源的顺序。所以说在家国天下为一体，天地人的权威顺序下，中国文化做的就是“居庙堂之高则忧其民，处江湖之远则忧其君”“先天下之忧而忧，后天下之乐而乐”。

延安时期，中国共产党人在经济上实行减租减息，开展土地改革，又发动了党政军共同参与的大生产运动，既发展了生产，又密切了党员与群众、与生产实际之间的关系。新中国建立以后，中国共产党人继承并发扬了中国传统的忧患意识观念。1949 年 3 月，党中央驻地从西柏坡迁往北平，毛泽东称之为“进京赶考”，并指出“我们绝不能当李自成”。在新中国建设时期，毛泽东提出如果弄不好，可能有“从地球上开除你的球籍”的问题，是忧患意识的生动体现。进入新时代以后，中国共产党人保持了“忧患意识”并成为我们事业发展的基本动力，习近平总书记在党的十九大报告中指出，统筹发展和安全，增强忧患意识，做到居安思危，是我们党治国理政的一个重大原则。

3. 忧患意识世界观下的日常经济风险治理

忧患意识是一种积极的世界观，是重大风险预防准备和监测预警机制。要强化风险意识，常观大势、常思大局，科学预见形势发展走势和隐藏其中的风险挑战，做到未雨绸缪。忧患意识主导下的经济风险治理不是被动地接受风险后果，而是主动积极地预防。要做到处理好一个关系，即安全和发展之间的关系，发展是安全的基础，安全是发展的保障。

具体来讲，要做好三个方面的工作：一是思维上要做到监测预警中的信息分析。包括用传统手段进行信息收集、情报监测，也包括以现代手段，通过大数据、互联网进行重大风险监测预警，对收集到的信息进行分析研判。二是行动上要做好预防准备，既包括硬件软件方面的预案、装备和物资储备，也包括自身建设方面的能力增强、韧性和技术水平创新。三是思维加行动上要做好模拟测试，既包括用于情景建构和模拟演练的情景模拟，也包括设定指标、模拟运行的压力测试。尤其在 2008 年金融危机后，首先兴起于英国央行，后来被推广到各国金融机构和保险企业，近年来一些政府经济管理部门也开始应用的模拟测试办法。

（二）底线思维的认识论

底线思维与人们对于风险危机的准确认知有关，尤其对于事关经济活动中的一些底线、红线、警戒线等的设置，本身就是一些行业领域重大经济风险的判定界线。同时，很多重大风险的判定标准就是以一系列最低或最高经济指标判定的。

1. 认识论决定对客体的认知程度

对任何一种风险的认识，都有其基本假设和认识论的基础。从20世纪50年代以来认知科学的发展，与社会学对于风险认识的发展几乎是同步的，为社会科学进入风险话语创造了条件。对风险认知的认识论基础，分为实在主义和建构主义两条不同的认识路径。按照建构主义的理论，社会现实其实是主体建构起来的，人们所说的各类风险其实都是经过社会过程建构的产物。无论是建构主义还是实在主义，近年来整个的认知科学面临着自身难以避免的危机。从认识论视角，人类的认识是存在极限的，对风险危机的认识就是这种极限的表现之一。经济学的梳理模型日趋精细化，同时具备海量数据，但仍然无法预测金融风险，就是人类认识存在的极限。所谓的认识极限是指一定阶段的人类认识活动能够达到的最高水平，对于个体就是在一定时期的最高认识能力和水平。①

风险社会理论最早提出者是乌尔里希·贝克。他提出的风险社会理论研究的是20世纪下半叶以来，人们对于经济和社会生活中风险不断加剧现实的认知。从这个意义上看，贝克的风险社会理论基本属于弱建构主义的实在论的认识论。② 贝克、吉登斯等人强调了实践活动对风险和风险社会影响的视角，强调了人为的不确定性带来的风险。马克思主义是根植于科学实践的辩证唯物主义哲学，物质实践是马克思主义哲学分析和解决问题的基础和出发点。风险社会理论的认识论基础，一定是基于人类的社会实践，尤其是经济过程的实践。

---

① 参见欧阳康、姜权权：《认识的极限及其超越：认识论研究的一个重大前沿问题》，《哲学研究》2020年第2期。

② 参见张虎彪：《风险的社会建构——风险社会理论的认识论研究》，《兰州学刊》2008年第3期。

2. 底线思维与经济风险的认识

底线思维的要求是要学会设定底线。底线的设定要基于客观现实，设定最低目标，估算最坏情况，争取最好结果。设定底线也可以明晰责任界限，不能把风险推给上面、交给下面、留给后面。底线思维的底线，是人们认识风险的界限。内在的哲学基础就是辩证唯物主义的质量互变规律，其中的底线是事物发展的“度”。达不到最低目标、超越了事务的界限，出现了最坏情况，就构成了风险危机挑战。我们在经济活动中强调的坚守底线不是“低线”，它强调对经济风险与危机要主动预防、做好应对。邓小平同志在谈到这个问题时讲，中国不能乱，这是底线。习近平总书记特别指出，这个底线就是坚决维护国家主权、安全、发展利益。

在经济工作各领域，都要强调底线思维，都要设定各种底线。粮食安全维系于耕地安全，只有保障一定限度的耕地，才能从根本上保障粮食安全，18.65 亿亩耕地红线的设置，就是一种粮食安全上的底线思维观念。

能源安全方面，参照国际能源署的标准，一个国家为应对短期石油供应冲击（大规模减少或中断），其安全战略石油储备天数应大于 90 天。虽然出于政治、经济等原因，我国未必就按照 90 天的安全战略红线储备，但是具备一定储备能力却是石油消费量日益增加的我国所必需的。

人口安全方面，国际上工人的人口老龄化标准为 60 岁以上人口占 10%，或 65 岁以上人口占 7%，而 65 岁以上人口占 14%则达到深度老龄化。根据 2020 年 1 月，国家统计局发布的最新人口统计数据，2019 年末中国大陆总人口超过 14 亿人，人口安全问题不容忽视。首先，人口出生率和人口自然增长率持续走低，新出生 1465 万人，比上年减少 58 万人，出生率 10.48‰，再创历史新低，自然增长率降低至 3.34‰，是历史第二低。其次，老少结构倒置继续加大，随着老龄化发展，老年人口持续增加，少年儿童人口持续减少，人口结构将加速转为“倒梯形”。第三，65岁以上人口比例急速增加，已经占到了12.6%，是从1999年开始进入老龄化以来增长最高的年份。从2020年开始，中国历史上最多的60年代出生人口进入60岁，中国人口结构将进入加速老龄化时期。

财政安全方面，按照国办发布的《地方政府性债务风险应急处置预案》的规定，我国划定地方政府性债务风险事件为4个等级，按照不同的级别分级响应和应急处置，市县政府年度一般债务付息支出超过当年一般公共预算支出10%的，或者专项债务付息支出超过当年政府性基金预算支出10%的，必须启动财政重整计划。

生态安全方面，按照环保部、国家发改委联合发布的《生态保护红线划定指南》的要求，生态安全方面的红线主要包括四类红线，即自然边界，主要依据地形地貌或生态系统完整性确定的边界，如林线、雪线、流域分界线以及生态系统分布界线等；自然保护区、风景名胜区等各类保护地边界；江河、湖库以及海岸等向陆域（或向海）延伸一定距离的边界；全国土地调查、地理国情普查等明确的地块边界等。

3. 底线思维事前的风险防控机制

习近平总书记在中国传统的忧患意识基础上，进行了思想提升，提出了底线思维的重要论述，并先后多次直接提到底线思维这个概念。在第十八届中央政治局第二十八次常委会上，围绕安全生产主题，要求落实责任，实行底线思维；在国家安全工作座谈会上，围绕国家安全话题，提出国家安全战略，学会底线思维；在十八届中央政治局第四十次学习中，讨论金融安全主题时，围绕金融安全提出实行底线思维、问题导向；在建军90周年大会上，围绕军事斗争需要，做好军事斗争工作，并强调要有忧患意识，做好底线思维；在中央外事工作会议上，谈到外事外交问题，指出要有底线思维，增强风险意识；在省部级主要领导干部研讨班上，围绕重大风险，强调了如何进行底线思维，防范和化解重大风险。

2013 年 7 月，习近平总书记在十八届中央政治局第二十八次常委会上的讲话指出，我为什么经常讲底线思维？就是要有充分准备，要有戒惧之心，要有忧患意识，有的事万一发生了会怎么样，然后对万一要有所防范。当然，习近平总书记在更多的场合谈及忧患意识、底线思维理念，并不一定直接使用这两个概念，但其表达的是这个理念。如习近平总书记在谈到改革时指出，中国是一个大国，决不能在根本性问题上出现颠覆性错误，一旦出现就无法挽回、无法弥补。在谈到风险时，他指出，如果应对不好，或者发生系统性风险、犯颠覆性错误，就会延误甚至中断全面建成小康社会进程。颠覆性错误就是一种底线思维理念，是超出了底线以后带来的严重后果。

面对重大经济风险防控，需要以底线思维的认识论认识重大风险。只有在底线思维的认识论视角下，通过认知各种底线、红线、界限等，才能准确地认识风险边界，做好风险防控工作，其中最主要的是风险防控的四大机制。一是风险研判机制，包括“研”和“判”两个方面，“研”需要全面地了解情况，制定多套方案，“判”需要在多套方案中进行比较判断。二是决策风险评估机制，包括“决”和“策”，“决”是作出决断，“策”是经济风险处置方案，也就是在多套经济风险处置方案中进行最终的决断。三是风险防控协同机制，关键词是协同，包括“协”和“同”，协就是相互合作，“同”就是目标一致，在作出决策以后，经济风险处置各方要在一致的目标下做好协作。四是风险防控责任机制，关键词是“责任”，包括“责”与“任”，前者是指经济风险防控的职责划分，后者是指勇于承担。

上述四大风险防控机制的有效运行，需要有充沛的斗争精神和风险斗争能力。习近平总书记在开班式上的讲话中指出，防范化解重大风险，需要有充沛顽强的斗争精神，防范化解重大风险要有“草摇叶响知鹿过、松风一起知虎来、一叶易色而知天下秋”的见微知著能力，对潜在的风险有科学预判，知道风险在哪里，表现形式是什么，发展趋势会怎样，该斗争的就要斗争。因此，斗争能力成为坚持底线思维，落实防控机制的关键。

坚持重大经济风险防控中的底线思维，就是要在较低速经济增长条件下，充分认识判断重大经济风险，积极推进供给侧结构性改革，对所遇到的困难和挑战有充分的准备。从防范最困难、最危险的风险着眼，模拟最低端情况下的情景设计，完善重大风险处置预案，加强政策工具储备和应对物资保障，坚决守住不发生系统性风险的底线。

（三）人民中心的价值论

人类行动受内在价值取向的制约，在不同行动方案间进行选择的动力机制是人们对好坏、希望与否的判断机制。内在价值观念决定了人们在经济风险危机事件中的行动价值取向，需要做好的若干项处置工作等。

1. 价值观决定了主体对客体的行动

价值问题是社会发展需要满足什么样的需求问题，也就是为谁发展、如何发展的问题。价值观决定了重大风险事件中，风险主体的各项防控行动的取向选择。进入新时期以来，中国政府、中国社会倡导和践行的是人民本位的有温度、有质量、包容性、可持续性兼具的新发展理念和战略。[①] 习近平总书记指出，一切国家机关工作人员，无论身居多高的职位，必须牢记我们的共和国是中华人民共和国，始终要把人民放在心中最高的位置，始终全心全意为人民服务，始终为人民利益和幸福而努力工作。党和政府不同时期的政策是统一的，都是

① 参见袁祖社：《正义理念的制度实践与美好生活的实践逻辑——“合理性”视域内五大发展理念的价值论基础探究》，《武汉大学学报（哲学社会科学版）》2019 年第 3 期。

围绕以人民为中心的价值观。

风险治理所涉及的关键词有“风险、危机、应急、安全”等（见表 7－1）。我们认为风险管理、危机管理和应急管理都是作为事先经济安全的主要政策工具存在的，两方面之间是手段和目的的关系。安全反映的是人民群众的基本需要，也是在我国社会基本矛盾发生变化的历史时期，党和政府对重大经济风险治理工作的主要目标之一。

表 7－1　重大风险相关的若干基本概念

相关词	繁体字	英文	含　义
应急	應急	emergency	损失已成现实；如何加强管理去减少
危机	危機	crisis	损失由可能性向现实转换；如何作出决策
风险	風險	risk	损失的可能性；如何做好预防
安全	安全	safety security	没受到威胁；无危险、危害、损失的状态
韧性	韌性	resilience	抵抗外来冲击和压力的特性；强健自身

“以人民为中心”是习近平新时代中国特色社会主义思想的显著特征，是新时代一系列治国理政举措应当遵循的基本方针。防范化解重大经济风险的目的，也是从根本上维护人民群众的根本利益和国家经济安全。以人民为中心的价值观，决定了重大经济风险防控行动的方向。

2. 人民中心及重大经济风险行动

站在人民群众的立场和不同的经济发展水平条件下，人民群众的需求和价值选择是有差异的。在保持人民中心价值观的前提下，根据人民群众的需求变化，调整各个时期的行为选择。进入 21 世纪以来，我国社会主要矛盾发生了变化调整，背后反映的是人民群众需求的变化。党的十一届六中全会指出：在现阶段，我国社会的主要矛盾是人民日益增长的物质文化需要同落后的社会生产之间的矛盾。党的十九次全国代表大会指出，我国社会的主要矛盾已经转化为人民日益增长的美好生活需要和不平衡不充分的发展之间的矛盾。

世界银行发布的《东亚经济发展报告（2006）》指出，在涉及发展阶段和人们的生活需求选择时，必然涉及“中等收入陷阱”（Middle Income Trap）现象。其背后的机制揭示的是随着时间推移，公众的预期和实际满足水平越来越大的差距所造成的经济、社会风险问题。这种“中等收入陷阱”现象，实际上是以往很多发达国家都曾遭遇的问题，有的甚至就此衰落下去。戴维斯将预期与现实的经济矛盾，描述为J曲线，表现的就是这种矛盾特征。

“中等收入陷阱”现象通常是指某个发展中国家经济发展到一定程度，进入中等收入阶段（人均GDP 3000美元）后，可能有两种结果：一种是持续发展，进入发达国家行列；另一种是贫富悬殊、环境恶化，发生重大经济危机，导致社会动荡、发展停滞、经济衰退等经济风险。后者的经济和社会发展的风险危机情况，即是发展经济学所说的“中等收入陷阱”现象。就较大规模的国家经济体而言，只有日本和韩国跨越了“中等收入陷阱”，进入了高收入国家行列。阿根廷、墨西哥、菲律宾等国，则落入“中等收入陷阱”，一度陷入经济危机，最终导致一蹶不振。

3. 人民中心的价值观与事中防控行动

以人民为中心的价值观念，要求在重大经济风险处置行动中做到五点。一是把人民放在首位，平衡好个人和整体利益。在重大风险事件之始，面临居民基本生存需求和经济发展选择时，选择将人民群众的基本生活需求放在第一位，优先解决就业和生存需要和基本生活保障。二是要做到换位思考，处理好他人和自我的关系。在制定防控经济风险的政策时，要将自己放到公众的位置考虑问题，思考这时候他们最需要什么样的政策，需要什么样的防控措施。三是要关注每一位，处理好个体和全体的关系。关注各个阶层的需求，使防控经济风险的举措成为得到最广泛接受的行动。四是群众本位，处理好信息公开和内部的关系。经济防控举措的公开程度，是解决好经济风险和危机的重要举措，公开本身就是防控风险的举措内容。五是合理到位，解决好恢复重建中的普惠和特惠。在经济恢复过程中，为防控重大风险，将举措定位到普遍实施的防控政策优惠和特别推出的与恢复举措相结合的位置，做好重大经济风险防控工作。

（四）问题导向的方法论

方法是主体认识客体的基本路径，是使主客体建立联系的基本媒介。人不是先知先觉的，甚至很多时候都无法做到后知后觉，在事发时人们都纷纷找论据论证发生的必然性，实际上这是在问责下的必然扭曲。

1. 方法论决定了普遍性问题的路径

方法论是人们以解决问题为目标的知识体系和工具，它通常是针对问题的发展阶段、实施任务、解决工具、路径技巧的表述，每个人都有适合自己思维特征和行为方式的方法论。方法论通过对各类具体方法进行分析研究、归纳总结，提出普遍适用于某类客体的问题解决路径。

在风险社会中，人们对于风险和危机的认识总是存在很大程度的滞后性。突发事件之所以被称为“突发事件”，就是因为事件的每次发生都是突然的，超出原来对这类风险客体的认知。任何事先进行的预测手段和方法总是无效的，但是在事后可以通过每次事件的发生找到系统存在的一系列漏洞。我们可以积极推进系统的完善，增强系统的韧性，至少在类似事件再发生时，不会在相同的漏洞问题上产生类似问题。如图 7－1 所示，表现的是问题导向方法论中，突发事件与改革之间的循环，它可以通过事后对问题反思的方法论，达到弥补产生风险危机漏洞的目标。

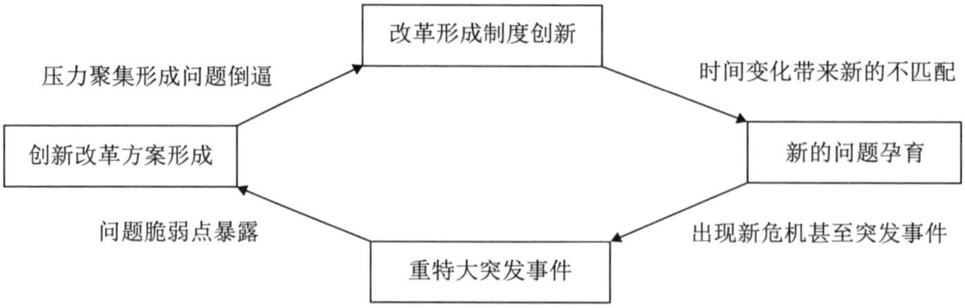

图 7-1　重特大突发事件问题倒逼改革与制度创新关系循环图

在科学认识论上，可以说是对波普尔提出的试错式方法的总结和综合。试错法是一种通过反复实验、评估结果、选用解决问题策略，并获取知识的方法。试错法最早是心理学中认识论、学习理论的一种方法，最早由英国心理学家 C. 劳埃德摩根（C. Lloyd Morgan）通过动物实验后提出来，并适用于社会科学和政策分析领域。试错法与使用理性分析、直觉洞察力和逻辑推导等方法制定一整套雄心勃勃的计划不同，它可以在缺乏充分信息的条件下，用简单策略解决复杂问题。这对于处在风险危机状态下的人们尤其方便，因为这时候的突发事件信息往往是不充分的。

2. 问题导向及对风险问题的改进

重大经济风险和突发事件的发生，往往是问题日积月累的结果，是对现实问题的集中暴露。问题是理论的起点和突破点，是体制改革和制度变迁的基本路径。问题导向机制遵循问题的出现、解决、方案、议程、制度变迁等过程。重大经济风险情景是出现问题、发现问题的有利时机，这在各类重大事件中的表现最为明显（见表 7-2）。在 1997 年的亚洲金融危机后，我国经济没有受到特别严重的冲击，但这并不是我国经济的韧性强，而是因为在当时我国经济方面并没有实行资本项目下的开放，使金融风险的危机无法向国内传导。但是现在随着对外开放程度的提高，在资本项目下的交流也日益增多，产生的可能性后果增多，而经济风险防控人手、手段等远远不足。

表7－2　重大突发事件后的制度创新与技术创新

突发事件		制度创新			技术创新		
分类	事件	政策法规	管理流程	标准规范	新技术	新产品	新市场
自然灾害	南方冰冻雨雪灾害	电力、交通、通信等政策	电力、交通、通信设施建设流程	架空输电线路等几十项技术标准	防覆冰等技术	融冰、导地线技术	防冰冻雨雪产品市场
	5·12汶川地震	灾后重建法律规定	完善建筑工程管理流程	建筑工程抗震设防等几十项标准	灾害防护、预警技术	救灾设备、装备	应急产业
事故灾难	7·23甬温动车事故	铁路运输安全、伤亡事故赔偿等	铁路建设管理流程	铁路行车安全、高铁装备等标准	高铁自控、防雷等技术	铁路安全检测设备	第三方检测市场
	青岛11·22输油管道爆炸	完善油气管道安全法规	输油管道规划、信息系统和数据库	管道穿跨越城区安全规范等标准	泄漏检测报警技术	管道检测预警产品	管道安全产品市场
公共卫生	非典事件	信息公开、应急管理等法规	传染性疾病管理流程	医用防护服、疾病检测等8项标准	检验检疫技术	新产品药品	医用设备检测市场
	三鹿奶粉事件	食品安全法规出台，免检制度废止	完善了食品检验流程	巴氏杀菌乳66项标准	乳品检测新技术	检验设备	检验设备市场
社会安全	瓮安事件	轻罪消除制度	舆情管理	舆情管理规范	舆情监测技术	舆情检测系统	网络安全监管市场
	新疆7·5暴恐事件	反恐法规、决定	反恐领导机构建立	非致命性武器标准	侦测监控技术	防暴叉等反恐装备	防暴恐产品市场

注：此表是作者根据各类事件的资料整理而成。

3. 问题导向的方法论与事后制度变革

一是充分利用重大经济风险的问题暴露功能。首先要做到善于在其中发现问题，针对重大风险情景中发现的问题，提出问题解决方案。

通过将初步解决方案系统化、明晰化，并积极推动纳入党委、政府的政策议程，构成改革方案实现的基本路径。通过一系列机制设计，使问题构成制度成为改革变迁的先声。

二是建立重大经济风险的制度评估机制。今后应全面深入开展重大经济风险调查评估，除加强人员责任认定外，还要建立针对经济体系制度漏洞的系统化制度评估；其他各类重大经济风险与突发事件，包括社会稳定风险评估领域，也要强调对经济制度得失、漏洞的评估，起到堵塞经济制度漏洞，推进制度渐进式变迁完善的作用。

三是利用重大风险与突发事件推动制度变迁。利用重大经济风险和突发事件，充分认识存在的问题，形成初步的经济体制改革方案，更要利用重大经济风险的时机，因势利导推进改革进程。利用突发事件形成的经济政策“窗口期”，积极推动利益群体间的共识形成，为改革方案的实现扫清障碍。如三鹿奶粉事件后，对《中华人民共和国食品卫生法》进行了修订，对公共卫生应急的相关行业标准即 66 项国家标准进行全面修改。9·11 事件针对的是美国政治、经济、军事目标，其中对世贸中心的撞击，直接打击了美国经济，美国国土安全部成立和《爱国者法案》的高票通过等，都是这方面的范例。

二、重大经济风险的治理方法

重大经济风险的化解策略，是治理方法的基础。在治理方法中，我们首先要确定以重大经济风险治理市场为基础、考虑公众心理风险情景模拟、经济运行压力测试及风险过后的风险治理制度变迁改进等方法。

（一）以市场为基础的治理方法

在重大风险治理过程中，要坚持将市场出清作为风险方法的基本方法。市场出清是市场上既不存在多余的供给没有被需求覆盖，也不存在多余的需求没有被满足的情况。市场出清与市场上的供需均衡并不完全是一个含义，市场出清的状态一定是均衡的，但市场均衡状态未必是市场出清的。沉淀资源的释放、金融资产的重组，在保障市场出清状态下，风险将被降低到最低限度。市场出清状态下的商品价格具有充分的弹性，能使需求和供给迅速达到均衡，也不存在市场资源的损失与浪费，实体经济产能也不存在多余现象。

在我国社会主义市场机制中，应当以市场为基础进行各项经济机制设计，应当成为重大经济风险治理的基础性方法。积极推进供给侧结构性改革，加快企业结构性调整步伐，增强企业活力。近期，尤其要维护产业链条的完整性，解决中小微企业融资难融资贵问题，并加大援企稳岗力度，落实好就业优先政策。对一些“僵尸企业”要通过政策手段，加大处理力度，防止这些“僵尸企业”破坏市场经济的竞争规则，为正常企业的良性竞争创造更好的市场环境。政府既要在就业、教育、社会保障、医药卫生、食品安全、安全生产、社会治安、住房市场调控等方面，承担“有形之手”的职责，也要按照市场出清的规律制定政策、安排供求、运作实施。

（二）考虑公众心理预期的方法

宏微观经济形势是客观的，但是政策主体有一定主观性，公共政策是连接公众心理和客观市场的纽带。金融市场是对公众心理反应最敏感的市场，政策制定应当充分考虑市场参与者的心理预期影响，才能起到有效的市场调控作用。习近平总书记在开班式上的讲话中提出，加强市场心理分析，做好政策出台对金融市场影响的评估，善于引导预期。

经济发展前景看好的公众心理预期，有利于形成良性的经济行为，增强人们微观经济活动的动力、耐心、信心；有利于解决微观经济活动中遇到的现实问题和障碍，并做到积极寻求解决方法；有利于长期性、稳定性、创造性经济活动的产生。稳定的良性心理预期，既要着眼于当前，排除短期的、目前的干扰因素，又要强调发展的信心支撑，对短期的经济行为要有长远的计划，储备各类应对风险的政策工具，在多重经济目标、多种发展政策、多项体制改革、多类经济举措之间实现有效的平衡联动和稳定。

如果对整体经济形势存在看跌的心理预期，或者是不稳定的心理预期，则会处于避险需求，产生急躁心态和悲观情绪，容易导致市场主体微观经济活动短期化，形成风险集聚。在当今网络社会自媒体发达的条件下，这种悲观情绪非常容易产生病毒式传播，成为产生重大风险的根源。针对经济发展形势，主动引导市场中的公众心理预期，是重大风险治理的有效方法。良好的公众心理预期与经济和社会发展的良性循环，是国家治理体系和治理能力现代化的重要环节。

公众的心理预期是经济发展中的重要因素，但是根本的还是要在宏观经济政策的连续性上做保障，在宏观经济的发展表现上做基础。如果离开经济形势、经济政策，尤其偏离现实的经济表现谈预期，本质上是一种唯心主义的经济思维方法。与良性的社会预期相互配套，就是要保持经济政策的稳定性、一致性和连贯性。通过以稳定的经济政策回应社会关切，才能形成有效的社会心理预期，使微观行为具有持续性，宏观经济政策具有有效性。

（三）经济风险情景模拟的方法

情景模拟是在日常对风险的应对准备过程中，对可能到来的风险条件、情形进行构想模拟的过程。情景模拟主要以以往经验、规律为基础，加入对未来可能出现情景的头脑风暴、合理想象组成，通过将引发风险的主要指标进行极端化等元素构建场景，然后开始实施冲击，以检验应对能力的一种方法。近年来，情景模拟开始在风险管理、危机管理和应急管理各个领域得到广泛应用。有的国家还从国家层面制定了重大危机的场景构建，并作为开展模拟应对基本场景设计的基础。

重大经济风险情景模拟则是在以往预警—评估—决策的经济风险管理流程基础上，加入若干完整的模拟场景，为决策者提供重要依据的工具手段。经济学家克鲁格曼（Krugman）曾指出，经济学家只有一个样本，那就是历史。传统经济风险分析中，无论是定性分析，还是定量方法，主要依据以往的数据、事实和所谓的合理关系进行推导判断，在一些重大风险危机时，往往显得力不从心。在 2008 年的全球金融危机中，这种分析方式使经济学界对于危机的预测失准，应对措施不力。重大经济风险的情景模拟虽然仍然不是一个很好的经济预测的防范，但是它能够设想出偏离常规的一些场景，为应对风险危机的处置提供参照系。它不要求遵循历史的真实性、合理性，因为历史上发生的重大风险事件，往往不会原原本本地重现，没有任何两个重大风险之间是完全相同的，这就能够为训练经济风险预警响应和应对处置能力提供很好的参照。

（四）经济运行压力测试的方法

压力测试原来主要用于工业生产中，用于检验产品或工艺流程，以应对各种极端条件。最早适用于材料科学，主要用来检验材料的抗冲击能力，后来逐渐使用到一些系统建设、软件开发过程中。比如，现在每个新开发的软件、APP、网站，都需要进行压力测试，以便了解在面对大流量压力下，这些软件、系统和网站的抗冲击能力，以避免发生系统崩溃的危险。压力测试开始由一种单一的材料抗冲击能力，演化为一种系统性的全方位测试某项产品或系统的抗冲击能力，也就是从那时起，压力测试开始向一些系统抗风险能力方面转换。

20 世纪 80 年代大量银行倒闭，引发系统性金融风险后，压力测试方法逐步在金融危机处置应对中得到采用。这个方法最初也主要应用在金融业，尤其在一些银行体系中被广泛使用。随着这种压力测试的日益成熟，后来逐渐应用到了股票市场、保险业和大型企业集团经营风险的管理过程中。近年来，政府开始在诸如公共债务、房地产市场、外汇管理等行业积极推行压力测试方法。如对地方政府债务压力进行的测试，就可以分四种情形进行，即经济增长中的地方政府债务动态测试；中央与地方财政支出范围调整后的地方债务压力测试；政府与市场边界调整中的区域债务压力测试；养老保险缺口资金显性化后的缺口的债务压力测试等。① 通过构建压力测试场景，极端化调整宏观变量，观察强压力测试情景下的宏观经济指标变化，这样就可以为宏观审慎管理政策制定后的检验提供有效工具。压力测试还可以暴露被检验系统的漏洞和脆弱点，为有针对性地增强系统的韧性奠定了基础，也为宏观经济风险的预警提供了一条有效途径。

（五）风险制度变迁改进的方法

重大经济风险既是危险也是机遇，经济领域中的很多创新就是在危险压力下产生的，尤其在一些衍生金融产品领域，这种创新情景更多。后金融危机时代，金融业的宏观审慎监管制度的形成和发展，很多就是危机压力后制度变迁的范例。在风险压力下，尤其是突发事件中，人们往往通过风险、危机和事件的到来，才能意识到存在的一系列问题，并将这种风险危机中出现的问题认识更加清晰化，通过这种问题认识的清晰化，将一些问题的解决方案明了化，为进一步形成系统化的改革方案奠定基础。

在这个过程中，每个当事者个体都通过自身的认识获得问题解决方案，如何通过系统性的方案使改革获得深入的发展，是人们首先要予以考虑的。风险事件的发生，可以使人们原来的分歧变成变革的共

---

① 参见刘尚希、赵全厚、孟艳等：《“十二五”时期我国地方政府性债务压力测试研究》，《经济研究参考》2012 年第 8 期。

识。同时，通过风险危机突发事件的发生，人们也能够找到经济运行过程中的缺陷和薄弱环节，对照所发生的重大风险问题，积极推进经济制度的改革和变迁。

三、重大经济风险的防范化解机制

习近平总书记在开班式上，还提出要建立健全风险研判机制、决策风险评估机制、风险防控协同机制、风险防控责任机制等重大风险防控机制。要完善这些具体的工作机制，应当作好以下几项工作。

（一）完善经济运行监测预警机制

任何重大经济风险都有孕育发展过程，经济信息指标能够在一定程度上反映风险的萌芽、孕育、发生、发展过程。习近平总书记指出，要加强对各种风险源的调查研判，提高动态监测、实时预警能力，推进风险防控工作科学化、精细化，对各种可能的风险及其原因都要心中有数、对症下药、综合施策，出手及时有力，力争把风险化解在源头。风险社会、网络信息时代，为完善宏观经济监测预警带来契机。互联网降低了信息传输成本，但需要打破数据壁垒，以充分形成可利用的、有价值的大数据，改变风险信息源不完整带来的信息不对称。同时，要改进现有的经济监测预警平台的监测预警范围和方式，注重对地下经济、网络金融、影子银行等隐形经济，以及易租宝、善心汇、善林金融等庞氏骗局类非法经济形态的监控，也要加强对非持续性、偶发性，呈现“蝴蝶效应”的经济突发事件的动态经济信息监测。做好经济风险监测预警的重要目的在于，防范风险进一步发展可能带来的损失和影响。习近平总书记指出，“在战术上要高度重视和防范各种风险，早作谋划，未雨绸缪，及时采取应对措施，尽可能减少其负面影响”。

（二）加强重大经济风险研判和评估

监测预警提供了重大风险治理的基础，但这些基础信息是否构成风险、构成多大程度的风险，需要进一步的分析和评估。首先通过风险感知、风险分析等手段，对所面对的经济变量进行归类，进行风险识别。对识别出的各类风险点及其风险源进行评估，着重看待其相互之间的关系，各自共同的发展趋势。在此基础上，给出基本的风险判断，对经济运行指标进行评估分析，提出对策建议，为经济决策提供技术支撑。世界各国历次经济风险的预警表现不尽如人意，宏观经济预警体系长于对合法的、显性的、持续性的经济活动的线性分析，对此种经济活动的预警并不擅长，但是并不否定经济监测预警体系本身的价值。

风险研判需进一步提高准确性。从重大风险成因角度来说，风险责任机制缺失是导致初始漏洞形成的主要原因。“蝴蝶效应”准确描述了风险的发生规律，在这个效应中，初始漏洞的形成导致一般风险进一步演变为重大风险，或重大风险进一步演变为重大危机。如统观近20年来世界范围内的金融危机，就能发现主体责任缺失带来的漏洞并发展为重大危机的影子。从风险防控流程建设角度来说，防控研判机制则贯穿了整个机制建设流程，决定了风险防控机制抵御风险能力的大小。在目前的风险治理过程中，风险研判需进一步提高准确性，调研和定性定量分析也需进一步深入；决策风险评估机制的科学性、评估报告的实际效用有待提高；风险防控的整体性尚未完全建立，风险事项的有效协同还未完全实现。而这些问题的存在，在本质上都是风险防控研判机制滞后所带来的。从机制设计角度来说，最突出的是激励约束功能尚待提升。按照机制设计理论，好的机制能够使社会系统进行自适应，能自动迅速地调整策略和措施，实现系统最优目标，如依靠市场出清解决“僵尸企业”风险，就是通过机制设计防控风险的范例。目前，对重特大事故灾难直接责任人启动追责程序的成效显著，为社会各界所肯定，但也存在重追责、轻改进，重人员、轻制度的倾向。还需进一步优化激励约束措施，明确责任认定与法律法规、行业标准规范等，以从源头上提升应对风险的实际效果。

（三）优化经济风险防控协同关系

在重大经济风险防控体系中，需要优化协同体系建设，包括经济活动风险监管协同、行业活动协同、组织体系内部协同等。通过优化制度建设，建立宏观审慎的重大经济风险防控协同体系。为此，一是加强政府信息公开、行业透明度、组织沟通、非正式沟通等多种风险沟通形式，这是带来各相关行业机构的信息对称，防止“各扫门前雪”带来的“沟通漏斗”效应。二是金融、财政、重点行业、资源等部门，实行经济风险治理协同，防止“木桶原理”的短板效应出现，摆正各行业的顺利健康发展。三是重大风险监测预警，风险分析评估、风险责任体系、风险制度完善等各环节也要实现协同，加强加大信息共享力度，提升风险管理智能化水平以及风险预判的及时性和有效性。

提高全社会的风险防控协同意识，开展风险防控文化建设，形成韧性社会。现代社会的风险特征决定了风险防控协同工作不是少数人能完全承担的。“风起于青蘋之末。”处在风险防控第一现场的社会公众最有可能掌握风险的微小变化，最有能力了解“蝴蝶翅膀的煽动”，发端于 20 世纪 60 年代的枫桥经验的成功也说明了风险防控协同群众化的重要性。而提高政府、企业、社会组织和公众等主体风险防控协同意识与能力最持久、最广泛的方式，是进一步加强全社会的风险文化建设。建设符合中国特色社会主义新时代发展要求的，人人负责、群众参与的风险文化，增强全社会的风险防控协同意识，形成抗冲击能力强的韧性社会结构，这样才能持久有效地应对各类风险。

（四）改进经济风险防控的责任体系

宏观上，组成国民经济的各部门、各行业由法律法规规定，靠微观主体动力机制推动运行；微观上，现代经济组织普遍采用等级制、规则化的科层制体系，机构及其成员职责、职位由制度规定，靠上下级命令推动持续运作。风险主体防控责任体系成为运行的基础和保障。一是完善重大经济风险责任主体建设，在金融机构、保险机构、大型企业集团设立首席风险官、风控机构的基础上，要积极倡导在政府机构、经济组织、行业协会等设立风险管理职位、机构或明确现有机构、人员中承担风险分析职责。二是明晰风险责任边界，防止风险防控的空白及灰色地带出现。经济风险向来不是按照制度和规则边界发生、发展的，实行微观经济组织扁平化改革，减少代理链条长、代理成本高，容易带来责任缺失现象。三是依托责任体系，完善奖励惩罚、激励约束机制，增强风险防控主体责任意识，奠定责任体系运行的人力资源基础。

强化重大风险防范的政治责任和履责能力。各级领导干部应充分认识重大风险防控责任机制建设的政治意义，增强防控风险的政治责任感。贯彻以人民为中心的要求，坚持底线思维，增强忧患意识，在重大风险防控职责建设上切实落实好“党政同责，一岗双责”，真正做到守土有责、守土尽责。重大风险往往源于微小的漏洞，因而风险治理应从细微处强化风险防控责任。同时，通过掌握辩证唯物主义的思维方法，以战略思维把握风险防控的总体态势，以历史思维认识各自领域重大风险的来龙去脉、经验教训，以辩证思维处理好防风险和促发展两个职责间的关系，以创新思维思考风险防控的有效方式，以法治思维厘清风险防控的责任界限与追究，以底线思维认识重大风险的严峻性，通过各种途径提高风险防控的责任履行能力。

通过经济手段，增强风险防控责任意识。通过有效的风险防控责任经济机制设计，让有责任负责、有能力负责的人主动担负起风险防控职责。

通过法律手段，强化风险防控的责任意识。在风险责任机制建设中，既应关注政府的行政法律责任制度建设，也应关注民事法律甚至刑事法律产生的违约、侵权的民事责任，侵犯公共秩序的刑事责任，以及两者竞合产生的风险防控责任。在风险防控责任机制的褒奖激励、惩罚约束机制建设方面，应明确“徒法无以自行”，只有通过落实激励约束，增强风险责任机制建设的精准性、及时性，才能真正提高风险防控责任机制建设的有效性。